キリスト教の米国が
大宇宙の別天天国と
犬の世界を
知らないから戦争する

・アメリカが先住民を迫害した致命傷の大罪一生消えぬ
・国民を無視してG7に政治生命をかけたアホ岸田首相
・自公政権党には犯罪者だらけ、若者に日本の未来託す
・天が悪の政権犯罪者を地獄の根幹像に落とすことにした

真実より自分自身の感情に寄り添う情報で生きるから
愛犬に憑依され操られて生きるから結婚できない、
本物の人間になれない。大宇宙の別天天国に行けない。
天変地異発生する。

まえがき

1政治家よ、天の権力財産を私物化した祟りが天罰（方程式）
2経済制裁した戦乱者を天罰で地獄の根幹像に落とす（方程式）
3平和の第一条件・北朝鮮の徴用に謝罪し賠償せよ（方程式）

ウクライナ戦争を始めたのはロシア・プーチンではないアメリカである。

【天の権力と財産】・・・拙著「大宇宙の別天天国に行く」217頁参照。「**大宇宙の別天天国図**」がある。本書・第二章に一部分を紹介してある。ご覧ください。

この図は、大宇宙の別天天国から地獄まで紹介した図面。**アメリカの一部の一国主義の政治家が酷すぎるから説明して教えた。**プーチンが一方的に戦争をしたのではない。

この地球を造ったのは天、月も火星も水星も木星も金星も土星も太陽等を造ったの**はアメリカでも**（宗教）**でもない。天が造り、しかも、天が規則正しく、天が作用して、「大宇宙の別天天国から地獄まで」の全体を天が司っているのです。**

アメリカは**偉ぶるが天ではない。**アメリカは一つのハリケーンにも異常気象にも勝**てない。**

未だに**アメリカは、天も天の作用も知らない。**知らないから、**善悪の判断できないから平和も自由も幸福も知らないから、毎日我欲をむき出し毎日悪事を働き続けているのです。**

まず、アメリカの政治家よ！　気性が激しい、未来の平和をゆっくり考えて「戦争しない道を歩み、戦争しない議論をしなさい」。

天とは、天神とは、大宇宙の頂点に鎮座している天神は一人、戦争しない道の自由の女神像の名、57頁参照、【ソムヌユルネ大神】である。

アメリカが先頭に立ち悪事を働き続けてきた。これまで何のために生きてきたのか？

【大統領・首相・大臣になり・・・天の権力と財産を私物化してきた。だから天が政治家よ！　天の持ち物の権力と財産を私物化するなと教えた。だけど、天に逆らって、私物化したなら、天が天罰を下す。二度と這い上がれない地獄の根幹像に落とす】第四章・参照。

「天」との性格「宗教政治家団体組織」との性格は真逆に違う

天は、大宇宙から地獄までの全てが天のもので在り、天が全てを平等に司っている。

宗教は、アクドイ政治家与党と宗教が結託した、アクドイ感情で生きる組織団体。

天は善に開運と幸福を授けている。悪の宗教と悪の政権政治の改善を求め、逆らえば天罰で地獄に落とすことにした。

世界政権支配者たちよ、政治家よ、宗教家たちよ！！

「権力と財産は天の所有物である（私物化するな）、いかなる者でも（経済制裁）するな」

（地獄の根幹像を村山政太郎に授けた、博物館にある）。

（私物化した）戦乱者を天が天罰で地獄の「根幹像」に落とすことにした。

「この地球での戦争を作り出しているのがアメリカであることを最初に学んでください」。

本書・第四章にて詳しく紹介したから熟読をお願いします。

米国には、民主主義・自由・平和もない、有るのは一国主義。のポチが日本。

天の声、戦後、米がA級戦犯の岸信介氏の悪心を改善させずに莫大な違法金を与えて米のポチにした政治犯罪者。世の中乱れて生活困窮心配だから、ポチ国が少子化なのだ。

天が悪魔の安倍元総理と米大統領に、地獄から天国のことまで教えるために天が二億年ぶりに降臨した。モリカケ桜事件とA級戦犯と安倍晋三を検証しないと戦争なくならない。第二次大戦の岸信介を検証しないで現在も戦争の道を歩み続けているのです。

「戦争しない道の自由の女神像」書を再度説明する。**ここまでの歴史上**において「**戦争しない議論しない**」から**教えるために二億年ぶりに地球に降臨した**。これが「**新しい道**」です。

『**自公政権には人間としての根幹**。**秩序・道徳・常識まで失ったから天**が安倍晋三氏を**天罰で地獄の根幹像に落したのだ**』。この現実を分かりやすく本書にて詳しく説明しました。

戦争しない道の自由の女神像、拙著、123頁に明確に記載してあります。

（赤木さんを殺したのが安倍政権。助けられたのに殺した。晋三の悪権力犯罪）。拙著「大宇宙の別天天国に行く」17頁、77頁、84頁、85頁、「一日も早く晋三総理を辞めさせろ、自民党」国民も天に作用あることを学びなさい。188頁を再度確認してください。これが天の作用です）。岸信介と晋三の統一教会は（悪宗教と悪政治）。私は（天の話をした）。

2022年10月16日、練馬区産業見本市開催

大宇宙から地獄までの全体を司っている全体の頂点の天神がソムヌユルネ大神の世界を紹介するために、数種類の根幹像を持ち運び紹介した。

現在の人間が宇宙と言っている、地球・月星・火星・水星・木星・金星・土星等の世界を宇宙と言っていますが、これと、比べられない大きな世界があります。その全体の別天天国までの世界を司っている大神が「**ソムヌユルネ大神**」なのです。

別天天国の大宇宙から地獄までの根幹像物体（**天が作った像**）を持ち運んで映像写真を添えて展示しました。2倍の場所を与えてもらったのですが、それでも狭いのでそれに、大宇宙の別天天国を把握していませんから興味がない。だけど毎回好評な神大宇宙の別天天国に行ける世界を残念ながら詳しく説明することができませんでした。

通治療は相変わらず人気がありました。数種類の根幹像と写真等展示品を区民の皆さんに見て貰いたかったけど、神通治療の奥に展示したから見てもらえなかったことが残念であり心残りです。だけど、**神通治療が良かったとの感謝のお電話を17日に沢山の感謝をいただきまして、ありがとうございました。中には、30代の若い娘さんが、**

進行性の乳がんになり・肺・脳に「転移」して若くて亡くなられたそうです。西洋医学だけが医学でない。神通治療は西洋医学との併用医学です。拙著「がん免疫リンパ増殖手技術書」21頁にて説明しました。

『がんが転移する原因』自動車を作るにも、お菓子を作るにも「工場」で作っています。「がん病」等を作るのも体の「工場」で「がん病」等を作ります。この「工場」を「ピンポイント」にて「探せる技術と改善させる特殊な技術が神通治療なのです」。これが肉眼には見えない天の作用。神通治療は根幹根本療法。この技術を得るには「振魂技術」必要。この技術を習得するには4年以上の実務体験が必要になる。振魂技術がなければ神通治療は不可能。習得するのが難しい療法。神通治療を受けるには、セミナーを3回以上参加してから神通治療を依頼してください。心の病気は神経の病気ですから、即に神通治療を施しても心や気持ちの持ち方や受け入れられる心の改善なければ効き目を期待できませんから、セミナーを受講してください。なお、練馬区産業見本市での神通治療への感謝は嬉しいのですが、お茶飲み友達に、お話し合いを都合の良い日にとの申し込みは困ります。一度セミナーに参加してお話を聞かせてください。私は真剣に神痛治療を開発して50年以上。指先で押していますが天の作用で指先が動きピンポイントにて病気製造部施術です。（押している指先を見て誰でも

できるとの思いは浅ましい心です）。「神通治療はツボ療法ではない、病気製造部を天の作用にてピンポイントに探して、神技の施術を行い、病気を改善しているのです」。

遠隔療法があると聞きますが、私は遠隔療法を行っていません。

私との出会いの始まり、第一日曜日と第三日曜日十時からです。セミナーに参加・三千円。お茶菓子昼食付、現在のところ、予約なしですから自由に参加してください。思いやり・協力する・助ける精神を持ち私は毎日努力しています。真実・誠実が大切であり、『自分自身の**感情**に寄り添う情報を得て、自分に都合の良い生き方だけをしないでください』。西洋医学で治せない、膠原病や難病に私の神通治療が改善を齎せています。

病巣を祓う神通治療は、**村山文学の総論理想の実現学。（医学）が先見学の一部分です。**

（感情）で生きているから意思疎通不可能・戦う精神・不安心配症・被害妄想症になる。

・〈感情で生きるな〉。喜怒哀楽や〈好・悪〉等、物事に感じ起こる気持ちの**偏りが感情**。

・「心」精神の働きを知・情・意・分けた時の情的過程全般を指す。情動・気分・情操などが含まれる。「快い・不快」「美しい」「感じが悪い・良い」などというような、主体が状況や対象にする態度あるいは価値づけをする心的過程のことを、**感情**といいます。

〈感情の議論しかできない能無しの国会なのだ。これでは豊かであり**戦争しない仲良しへの平和は生まれない。**ですから**全体を深く考えた、総論理想の実現学**があるのです〉。

この「村山文学の総論理想の実現学を実現した会員を、聖なる神通力者」といいます。

〈気持ちの偏りが感情なのだ〉。後で説明するが、**〈現在の政治・感情政策なのである〉。**

安倍総理が杉田水脈氏の魂を洗脳して総務政務官の重職を与えた。杉田は有難い一心。

だから統一教会問題化の中、**洗脳された杉田氏は「統一教会の信者の方にご支援、ご協力していただくこと何の問題ない」**。さらに性暴力被害者の伊藤詩織さんについて「**枕営業の失敗ですね**」との誹謗中傷するツイートに「**いいね**」。杉田氏は、安倍元総理にマインドコントロールされたことに気づけない人。総務事務官の重職を得たから、伊藤詩織さんに対して「**枕営業の失敗**」だと言えたのでしょう。要するに自分主義なのである。

なお伊藤詩織さんは、安倍首相の友人に薬を飲まされて肉体を失ったのです。このことにも細かく検証すべき、要するに逮捕予定だが権力で犯罪をもみ消した事件。「自由で開かれた世界などと言っているが権力で個人的な自由を薬で奪いとった事件ですよ」。

自由とは、それぞれの個人の自由であり、**個人の自由を守れる社会なのです。日本の政治家が自由を、ゴチャマゼにしている悪国家。日本国民は辺野古に米軍基地いらないのに、その自由を説明しないで権力で強引に個人の自由を奪い取っているから「自由で開かれた社会、アジアインド太平洋、力による現状変更を許さない」**こんな**間違ったスローガンは、国民のための自由でなくてアメリカの自由なのである。政治家の頭脳がおかしいアホバカリだから、記憶がない記録がないなどと言って国会**

で喋っていることが幼稚であり、成り下がってしまい恥ずかしい日本国家になってしまいました。

大阪地震、大豪雨の広島岡山愛媛県の被害者を蔑ろにして、安倍晋三と岸田文雄が、次の総理大臣まで確約して、「石破茂氏と広島出身の平和主義の参議院議員を気に食わないから、安倍総理と岸田文雄が一億五千万円を差し上げて河合議員を当選させた事件が有名」。

・その一、私の言いたいこと。
国民の命と暮らしを守ると耳が痛くなるように総理は強くアピールするけど全部が嘘。

大阪大地震、大豪雨で被害者が眠れない夜に、被災者を蔑ろにし、石破茂氏をやっつけるために晩さん会の酒宴を開催して勝利した自分主義。拙著「免疫リンパ細胞若返り手技療法」１０２頁を参照ください。この汚い心の自分主義の証拠写真、国民の命と暮らしを守れないウソつき騙す政治家を二度と総理にさせるな。これが天の声である。

・その二、五月、広島サミット開催。

平和主義・正直・公正者の石破茂氏と広島の参議院議員をやっつけてG7広島サミットを開催すると岸田文雄総理が公言した。それなら平和主義者の広島出身の参議院議員をやっつけるべきでなかった。（今後、米国の言いなりに成ると恐ろしい国民生活になる）　予言。

岸田文雄総理には正義の一貫性がない悪魔。安倍総理に忖度した愚か者。アメリカのポチになった愚か者。アメリカのシンクタンクに誠実ない。中国の海洋進出を許さない。プーチン大統領を「ならず者」だと言った、言った米国が、ならず者なのだ。天の声である。

拙著2014年発刊、「精神の根源は宇宙天にあり」256頁参照、私は天の代行者だから10年前にウクライナ戦争を予言した。**「アメリカはウクライナの財産を奪い取ったからウクライナは再起不能なのだ」**との予言的中。米国がウクライナを分断したから戦争が始まったのです。このことに気付けば、**米国の政治犯罪が明らかなのだ。米国は戦争屋なのです。**私は天の代行者だから、2014年に米国の政治犯罪を把握したから予言した。

獣は馬鹿だから戦争する兵器があれば簡単に戦争する。人間なら善悪判断できる人になれ。安倍晋三総理と岸田文雄氏は自分主義者だから他人を人間として見ない。石破茂氏と広島の参議院議員と日本会議の籠池夫婦を徹底的に威嚇してやっつけて、意識して脅威を示してわざと再起不能にさせた心の汚い獣人。この安倍総理の企みが怖くて自公政権の国会議員が晋三に寄り添い忖度して政治犯罪組織政権党になってしまいました。

この悪師匠国家がアメリカであり、同盟国を作り安倍晋三を利用して脅して戦争する火種作りを毎日作り続けて、悪政治を企て続けて悪策を実行している獣人。この政策には絶対に平和構築不可能。ですから永遠に戦争を無くせない、戦争が生きがいになり繰り返して地球人類がニワトリと同じにバタバタと死ぬのです。この現実を天が米人に教えているのです。
・米国に平和ないから自爆する。議会分断、米軍基地の地下、井戸水汚染（有機フッ素化合物等）米国が平和を求め地位協定を撤廃せぬなら、米白人に天が天罰を下すことにした。

◆目次

第七章　大宇宙の女神像を天から授かった経緯　245

第一章

A級戦犯と孫が北朝鮮に【償い】しない祟りが天罰

・戦犯の岸信介氏が北朝鮮に謝罪・賠償しないから北朝鮮が日本人を拉致した
・北朝鮮のミサイルは自国を守るため。**【償い】しない晋三に天が天罰を下した**
・安倍総理は世捨て人のガラガラポンの反逆者。自分の犯罪を隠蔽した解体屋

ウクライナ戦争が悲惨、自分のこととして深く考えて生活してください。

予言、日本が現在の自公政権であるなら、ウクライナ戦争よりも惨めな国家になる。なぜなら一方的にロシアの軍事侵攻が悪いとの報道が危険。アメリカやEUや日本が、ロシアを敵国にして、ウクライナに戦争援助していることが大間違である。

戦争する人も。戦争に加担する人も人間でなくて獣人なのです。ですから人間としての自覚が必要です。2014年発刊「精神の根源は宇宙天にあり」の拙著、256頁参照、**「アメリカはウクライナの財産を奪い取ったからウクライナは再起不能なのだ」**と私が十年前に予言して教えた。この現実を地球の獣人は未だに気づけない。二**十年後に、ようやく獣人たちが気づくのです。**

この地球人は獣人だから目先のことしか考えられない、北朝鮮の拉致が悪い、ミサ

イルが危険だと煽り、憲法改憲、安全保障だけ、平和心ない祟りが異常気象の天変地異発生。

Ｊアラート警報も危険情報操作なのです。北朝鮮は自国を守るミサイルです。このことに付いて私は大昔から日本の政治家に教え続けた。「岸信介Ａ級戦犯が北朝鮮に大被害を与えたのに、賠償も謝罪もしない」。逆に情報操作して北朝鮮に経済制裁した獣人です。この行為を天は絶対に永遠に許さない。検証し改善しないと天が天罰を下すことにした。

私は天の代行者として、今、咄嗟に気づいて話をしているのではありません。

北朝鮮に対して「岸信介Ａ級戦犯（日本政府）は北朝鮮に賠償と謝罪せよ。天の声。北朝鮮が日本人を拉致した。それ以上に日本政府が悪事を働き続けたから拉致したのだ。

韓国にも誠意を示せ。「１９６５年の請求権協定・閣議決定は間違い」徴用工の本人に賠償する方法を考えなさい。「政府と総理の閣議決定でなくガラス張りで解決してください」。

「重要」（安倍晋三への天罰「戦争しない道の自由の女神像」１２３頁、赤木さんを自殺させたのが安倍晋三。これが天罰なのだ。天罰とは・・天が下した罰。自然に来る悪事の報いとして自ら受けた罰を天罰という。安倍晋三に天が天罰を下した事例を説明した）。

日本の与党は暴力犯罪政権。サッカー等のスポーツ選手や音楽家を見習え。心から真剣に頑張っています。獣人の自公与党は犯罪暴力政権である。政治家の心が腐ったから、国会が国会議員の犯罪を裁く国会になった。恥ずかしい犯罪国会が日本なのである。

何時までも悪なる与党政権をのさばらせた犯罪を検証しないと、日本は破滅する。日本国が豊かになるために国会を改善せよ。諦めるな。本年から米国の経済が悪くなる。地球世界に村山文学の総論理想の実現学が必要になるから未来のために書き続けているのです。

私は世界の一人一人の幸せを考えて永遠の幸せまで深く考えて、天神書を発刊しているのです。これから分かりやすく説明しますから、村山文学を学んでください。

村山文学の総論理想の実現学がないと地球人類が生きて行けなくなるから、天の代行者が教えているのです。

「重要二」拙著「免疫リンパ細胞若返り手技療法」77頁の写真。赤木さんを救うための証拠写真です。これが天の作用です。

安倍晋三元総理は森友事件・籠池夫婦と会ったこともないから関係ない。こんなことを言いながら、**公文書改ざんの質問時の答弁、妻だけでない他の人の名前も削除したと答弁し自白した。その最大の目的「教育勅語法制定」のため安倍昭恵夫人は、石破氏**に勝利した翌日から森友学園と関わった。76頁参照、２０１８年6月27**日、党首討論で岡田氏が質問する前に、安倍首相は妻が先に進めてくださいと言っていない、籠池さんが嘘吐いたのだと自ら自白したのだ。**「先であろうが後であろうが関係したことにかわりがない」**安倍晋三は大バカ者すぎます。「私や妻が下したのなら総理も議員も辞める」国会で堂々と答弁した大バカ者。」**その証拠写真、77頁だと先ほど説明したのです。

安倍総理は騙したつもりになれる悪魔の獣人だから、**赤木さんを自殺させても平気な人なのです。**当時のビデオテープで確認してくれれば把握できます。

拙著「村山文学書」128頁参照、「私や妻が関わっていれば総理も国会議員も辞める」との国会答弁を皆知っている。心の汚い自作自演の犯罪を見抜けない人がおかしい。

天の予言。日本国が戦争したなら再起不能になる。いかにして戦争しないかを、国民みんなで深く考え議論しましょう。政権与党議員の頭が狂った。日本が戦争したなら終わりだよ。

そのために、「戦争しない道の自由の女神像」を発刊したのです。

赤木さん、再度、「村山文学書」128頁参照、籠池夫婦も佐川氏も犠牲者なのです。

再度、「免疫リンパ細胞若返り手技療法」を、序章からご覧ください。

安倍夫婦に、(子供がいないから子供と接したい願望)。腹心の友の加計学園に学校があり昭恵夫人が学校欲しかった。加計幸太郎と下村文部科学大臣の奥さんと昭恵夫人は仲良しであり遊び仲間。昭恵夫人が森友学校欲しいから、夫の晋三が昭恵のために造ったのが森友小学校です。最初に籠池氏を騙した。(9頁参照)ですから、安倍

総理は籠池氏を「しつこい」詐欺を働く人だと国会で軽蔑答弁したのだ。籠池氏は現場にゴミがないから正直に捺印しなかっただけのこと。結局、「しつこい」詐欺を働**いたのが、安倍晋三総理夫婦なのであった。（安倍晋三は国家と国民まで私物化した傲慢悪魔政権であった）**

安倍総理夫婦はわがままであり、嘘を吐き他人を騙し続けた心の曲がった独裁者でした。

「私や妻が関わっていれば総理も国会議員も辞める」狂人だよ。評価した人もいた。

安倍晋三総理は、昭恵夫人の希望を叶えるためにいらない小学校を造った**犯罪者。**

そもそも昭恵夫人に６人の秘書を付けた、安倍総理の頭脳は最初からおかしかった。

私は当初「教育勅語法の制定」だけだと想定していたが、森友学園と関わりを持ってから、子供との親しみを覚えて**「森友小学校を造るようになったからびっくりした」なぜなら資金がないからです。**それと**申請手続き、総理昭恵夫人と谷秘書官が、**やっていたから**安倍総理夫人の心理を私は見抜いていた。**

ですから、拙著**「これしかない幸運への道」２０６頁参照、２０１７年４月４日に**

は「教育勅語」が閣議決定されました。これは、罪の自白のようなものです。首相夫婦が、一つのものに夢中になると、自分のやっていることが分からなくなり、見えなくなる「危険人物」であること確かです。あの時、私は森友小学校の改ざん事件に気づいていました。

十年前の拙著「精神の根源は宇宙天にあり」118頁、122頁、123頁。「2017年に発生する人災を予言的中した。私はウソを言っていません」。明確に記載してある。

これが天の作用です。安倍晋三総理夫婦が本当に赤木さんを自殺させたのです。これが天の代行者の実力です。（本書を熟読するとバカ殿の正体分かる）

先ほどから説明したが、籠池夫婦も佐川氏も犠牲者なのです。犯人は安倍晋三総理夫婦なのです。苦労知らない単純な獣人なのだ。善悪の判断不可能な獣人間なのである。二度と心の狂った人間を日本国の総理にしないでください。「赤木ファイル、黒塗り四百個が開示されたから、絶対、裁判にて勝てるから諦めないでください」。天が赤木氏を助け続ける。

「重要三」犯罪主犯は安倍夫婦なのである。だから私が晋三総理に**「私や妻が関わっていれば総理も国会議員も辞める」**と言わせたのだ。この**証拠拙著「免疫リンパ細胞若返り手技療法」77頁参照、安倍夫婦が石破氏に勝利した翌日に籠池氏と関わった証拠写真です。**

村山文学書に明確に犯罪証拠を記載したからご覧ください。安倍晋三総理は夫人の証人喚問時、妻のこと全てを知っているから、私（晋三）が答弁すると拒否した。その答弁は罪意識のない犯罪者。質問者の辻本氏があっけにとられていた。大バカで未来を考えられない目出度い**カラッポ頭脳による犠牲者が佐川氏であり籠池夫婦も犠牲者なのです。安倍総理の馬鹿すぎた常識ない答弁は先祖返り悪霊の戦争犯罪を継承した答弁には未来がない。**

これまでに戦争して勝利した国家を見ても、得した国家は一つとしてない。この現実を解決するには、日本学術会議を駄目にした菅義偉も村山文学の総論理想の実現学を学べ。

これまでに何度も説明したが、獣人だから、自分自身の心に問題があることに気づけないのですから諦めずに粘り強く再度詳しく説明する。

空っぽなバカ頭脳総理が大臣や官僚や秘書に命令や指令して行政をやって失敗すると

他人のせいにするから馬鹿な犯罪者が生き延びているのです。

「行政の責任者は総理大臣だから部下に罪あれば総理が辞任せよ。天の声。**このことを実行すれば、命令や指令に責任を持つ、空っぽなバカな犯罪総理は務まらない国家になる。**

悪いことをしたなら反省して賠償して謝罪せよ

小泉純一郎総理、イラクに大量破壊兵器なかった謝罪せよ。核に一貫性持て。

安倍晋三総理、モリカケ桜、安全保障、経済外交、ブッ壊した悪魔、**心から謝罪せよ。**

菅義偉総理、目先場当たり重箱の隅を楊枝でほじくる狭い心が日本学術会議問題事件。

麻生総理、人間としての未来の根幹・秩序道徳「総論理想の実現」を学べ・遅くない。

・**『特報』、岸田文雄総理。**次の拙著をご覧ください。

（免疫リンパ細胞若返り手技療法）過去の**悪事を書き残した歴史書である。政権与党が総理になるなら、全議員の方々がシッカリ熟読して勉強して立派な国家を造ってください。お願い申し上げます。**

一例、**「統一教会問題」今始まった**問題ではない。**「岸信介氏、A級戦犯がつくりだして育てた統一教会」である。**

ちょっと手を付けただけで地獄の汚染水が湧き出てきた。そうして岸田政権の大臣連中の悪事が発覚した、２０２２年11月だけで、次々と四人ほど更迭されたのですが、罪意識がない、**「記憶がない」「記録がない」**この恥ずかしい**現実を私の拙著史に書き残した。**

岸信介元総理が反日集団の統一教会の文鮮明氏と手を組んだのか」「統一教団が日本政府の中枢に入り込んだのか」このことが不思議であり、日本国に何をもたらせたのか」との答えが未だに分かっていません。統一教会は、日本国民だけを騙してマインドコントロールさせて根こそぎ的にお金や財産等を献金させて奪い取っているのです。

岸信介A級戦犯元総理も孫の**安倍晋三総理も自ら愛国者**だと言い続けてきたのに、統一教会は反日集団なのに、自民党と統一教団は真逆の考えなのに結託してきたのです。

とにかく、信介氏も晋三氏も**教団との深い結びつきがあるのですから、徹底的に岸信介と孫の安倍晋三総理一族の悪事を調査しなければ、自民党の政治犯罪の糾明は難しい。**

統一教会との深い結びつきは「**選挙支援**」であることを国民全員が知っています。それだけでなくて「自民党と統一教会との深い関係を断つことができない、何かがあるように思えてならないのです」。

北朝鮮が日本人をどうして拉致したのかを深く考えれば多くの謎が解ける。

・**北朝鮮**が日本人を**拉致**した危険国家だからシッカリした安全保障必要だと政府が言う。

・**北朝鮮がミサイル**発射した**危険国家**だから、Jアラートを命じたと、政府が答えた。

・**北朝鮮は核保有国**。その原因が**経済制裁と圧力だから止めろと私が教えた**。**結局北が核を持った**。安倍総理が**一国で守れないと言い出した**。**三十年前の拙著の予言が**

的中した。

（安倍晋三と岸信介のA級戦犯。北朝鮮への悪策の祟りが、統一教会と拉致なのです）。

自分主義のスッカラカン頭脳の安倍総理を継承した岸田総理、憲法九条改憲し、予算と兵器を持ち「国民の命と暮らしを守ると言った。しかし、真逆である。必ず私の予言は的中する」。

拙著「村山文学書」73頁、「九　北朝鮮に核開発を断念させるまで最大の圧力をかける悪魔」熟読してください、このような考え方が間違いなのだ。必ず私の予言が的中する。

この続き、131頁からも熟読お願いします。四行目、拙著、2004年版「小言ある家に不幸あり」第四章をご覧ください。この続きですから熟読をお願い申し上げます。

熟読してくれれば、これから説明する内容を簡単に把握することができると思います。

要するに、自分主義のA級戦犯と安倍晋三元総理に日本国民が騙され続けてきたのです。

（山上氏が安倍晋三元総理を殺してくれたから統一教会と岸信介の罪が明らかになった）。

統一教会の犯罪は、これまで何度も問題になったが政権与党はその都度、票を貰うために関与して罪をもみ消してきた。今回犯罪が明らかになったのは山上氏が安倍元総理を殺してくれたから警察が動いてくれたから犯罪が明らかになった。警察が動かなかったなら統一教会の罪が明らかにならなかった。ところが、警察が問われて、警察の偉い人が辞任した。

安倍晋三総理の犯罪まみれが明らかになった。これまで安倍総理が日本国にいないと日本国が駄目になると既得利権者が言い続けてきたが、殺されたから良かっただけで、何一つとして一切弊害ない。殺してくれたから統一教会と自民党との癒着犯罪が明らかになったから良かった。

現与党政権は性格の悪い自分主義の独裁者ばかり（三権分立を確立せよ）。「三権分立を機能させて総理大臣を逮捕できる権限を国民に与えてください。これが天の声で

ある」。

２０１８年に発刊「免疫リンパ細胞若返り手技療法」表紙写真参照、党首選時。石破茂氏をやっつけて安倍晋三首相を勝たせたて岸田文雄氏は次期総理を確約させた。**米国が日本周辺で戦争を始めれば政府が即に存立危機事態と認定し日本が相手国に弾道ミサイルを打つまで約束したのが岸田総理。**岸信介は**犯罪隠蔽者**。この犯罪継承総理が**安倍・岸田であり最終目的**、日本国をガラガラポンにすること、証拠写真の酒宴、１０２頁参照。**岸田は権力奪取に夢中**。安倍晋三総理はロシア・プーチンと27回会談、山口で首脳会談した目出度い大バカ「岸田が、プーチンと北朝鮮を敵に回したこと大バカ。**米国バイデン大統領に戦争策を手土産にしたこと非国民**」。**日本国の総理は馬鹿バカリ、「精神の根源は宇宙天にあり」２５６頁参照、ウクライナ戦争を先導したのがアメリカである。ウクライナ戦争終われば、ウクライナが再起不能であることを誰もが確認できる。政治家は目先バカ連中。**

統一教会等の信者の二世者「**犠牲者が自公与党政権に犯罪を隠蔽され続けてきた**」。私は天の代行者として実際に現場でマインドコントロールされた信者を救出してきた。報道されている弁護士や学者の話を聞きますが私の実感の心と違います。

統一教会はあらゆる手段を使ってマインドコントロールしているのです。その一例、報道されていない部分を説明する。「夜眠らせない」「先祖代々から一方的に悪人であることを脅して押し付けて洗脳する」「洗脳してから実家から五十万円ほどの大金を貰ってくるように**命令する。のちに両親へ着物を届ける**」。このようなことを繰り返すから少しずつ信用するようになります。

マインドコントロールされて洗脳されると、手が震えて文字を書けなくなり働けなくなったため、私に相談に来ました、その相談とは、韓国に行くのだが母親が反対したからとの相談でした。私も反対したけど受け入れてくれませんでした。私の家から近いところに自宅があり広い敷地で三百坪ほどあったが、一年以内に敷地・建物はなくなり**建売住宅が建った。**統一教会や創価学会に入信する家庭にはそれなりの「霊障」があります。「**霊能者には分からない色々の霊障ある**」。（あの指の震えは薬物です）。「**政権与党宗教**」信者救済に前向きなのは、自民党の罪逃れの生活保障です。**助けること、大変ですが私は実際に洗脳された患者を救済し患者さんの両親とも話し合いをしてきた。**

しかし、親から中途半端に治してもらうと困ると言われます。

なぜなら、マインドコントロールされた洗脳患者を治すには家族や周りの人々の支援が必要ですから私は家族と会って話をした。しかし、親御さんに中途半端に治さないでくださいと言われてしまいます。それもそうなのです。（両親）が死んだなら、この子が生きていけなくなると私に訴えます。（それも当然です、支援金が貰えなくなるからです）。そうして、治らなくともいいから、西洋医学で見てもらうからとの断りの電話が入ります。

（統一教会と創価学会は金になればよい、自公党は票を貰い当選すればよいだけの結託宗教）。この宗教は曼陀羅宗教。地球の成り立ちも知らない。天国も知らない一歩の進歩もない下らない宗教。隣の国も知らない彼岸宗教。河の向こう岸に渡り彷徨宗教。仏教には悟りがない。自公政権にも悟りがないから岸田総理が統一教会を解体しない。ジャニーズ社長は罪を認めて謝罪したが岸田自公政権は悪意に気づけない獣だから罪を認めないし謝罪もしないし解体もしない極道者。だから自公政権を天が地獄に落とすことにした。拙著「免疫リンパ細胞若返り手技療法」38頁参照。自公政権党は全員が犯罪者。記憶がない、記録がない、自公は犯罪宗教集団。「拉致問題」と「統一教会事件」を作ったのが岸信介氏。孫の安倍総理は国民の未来の幸せを考えずに祖父の犯罪（第二次大戦の罪、徴用工、慰安婦等の沢山の罪への謝罪と賠償せず）

に隠蔽したことが大犯罪の証である。安倍総理を継承した岸田総理が米国に飛びバイデン大統領との密約したことが天罰発生の根源である。

密約内容、反撃能力、敵基地攻撃能力と国民生活を苦しめる増税が43兆円を計上し北朝鮮と中国と戦争するため米国に飛び密約した心を許せない。秩序、道徳、常識がなくなりました原因。先ほど説明した「一人のA級戦犯の岸信介氏が朝鮮に謝罪と賠償しないから絶対にやってならない戦争始まる」。朝鮮に謝罪と賠償すれば戦争しなくて済む。天の声。

岸田総理が敵基地能力を決定したのが、米大統領へのお土産なのです。これから米国の戦争に制限なく付き合い従うのです。

拙著「戦争語録忘れたか」第二章、（宗教と米主導と犯罪戦争法案づくりの実態）を、熟読してくだされば、現在の統一教会や創価学会や米国のやっていることが把握できる。

拙著「がん免疫リンパ増殖手技術書」125ページ参照。（平和共存なはずの宗教団体も日本会議も安倍晋三首相も戦争屋の獣脳人だった）。

岸信介氏孫の安倍晋三首相。あの国会が凄く荒れた。自由民主主義がなくなった。ヒゲ佐藤隊長が握りこぶしで殴った国会現場の写真がある。握りこぶしの精握りこぶし苦しい。

戦争屋は戦争しか知らない場当たり的な単純精神は短気だから危険。安倍政権は戦時中の乱闘国会を歴史に残すため、私は拙著に書き残した。桜を見る会では116回、森友犯罪事件では136回の国会嘘答弁。国会機能させない閣議決定、異常国会続いた（後悔が先に立たず）。天変地異の異常気象になってしまいました。

ウクライナ戦争現場を見れば誰でも分かる。情報操作した米国が悪事を正当化し兵器を供与しウクライナの領土を奪取する悪国家。ウクライナ人のEU寄りが間違い後で分かります。これがウクライナの再起不能。「精神の根源は宇宙天にあり」256頁参照ください。

岸田総理が米国のポチになったが、面倒見てもらえないから「日本国は悪の祟りでガラガラポン」になる。私の予言です。

A級戦犯の「岸信介」氏が日本国をブッ壊した、最悪犯罪の根幹犯罪者が岸信介氏です。

78年前に戦争したのも岸信介氏です。中国で日本人と中国人が仲良く生活していたのです、これを壊したのが岸信介氏。日本国の土地でないのに地上げをして儲けた悪役人。性格が悪い極道者。拙著「**これしかない幸運への道**」**16頁参照**。岸信介は戦争屋の女遊びの極道者。日本人が満鉄の株券を沢山持ってようやく帰国した人が都営住宅に住んで暮らしていた人の話、満鉄の株券が紙切れになりゴミになったと悔やんでいた人がいました。

拙著「大宇宙の別天天国に行く」第一章、（安倍総理は北朝鮮問題を解決できない）**と私が予言して国民に教えた。**これから発生する天罰**「拉致問題」を解決しないと、安倍霊障がはびこり大戦争して「日本国がガラガラポンになる」。晋三総理は、日本国をガラガラポンにするのが最終目的なのである。「北朝鮮と韓国に心から日本が反省し謝罪し賠償せよ。しないから北朝鮮が日本人を「拉致」した。安倍晋三の先祖代々が悪事を繰り返した。**

北朝鮮問題を解決できないのでなくて解決すると罪が明らかになるから解決不可能

なのだ。

国民がこの現実を見ぬけないから戦争する国家にして莫大な予算を確保して戦争して日本国を、ガラガラポンにするのです。

自民党安倍派は「統一教会です」。これから閣議決定せずに国民の意見を聞きなさい。

安全保障を最優先するな、近隣諸国と仲良くなる外交が最高の抑止力です。戦争できる予算づくりを止めろ、自公の与党政権が過去の戦争犯罪を解決せよ、反省せよ、謝罪せよ、賠償しない罪から逃れるために戦争する安全保障に夢中になるな。人間の顔をしているが人間でなくて獣人。戦犯の罪を供養するために「戦争しない道の自由の女神像」発刊した。

そして犯罪者の罪を供養するのが「獣と獣人の罪を祓う供養塔像」幸せになってください。

『特報』（第二次世界大戦の被害者に岸信介が「徴用工や犠牲者等」に直接に反省・謝罪・賠償せよ、しないから天が岸信介と安倍晋三夫婦と自公党政権に天罰を下した意味。閣議決定しないで、徴用工の被害者に直接に賠償せよ）。天の声。

最悪なる安倍晋三首相であり自公与党政権、統一教会、創価学会、人間の根幹を揺るがした大事件。「統一教会事件」が明らかになったのは「山上氏」が「安倍晋三」を「殺してくれたから晋三の罪が明らかになった」。「日本社会は、山上氏に感謝すべきである」。

私がこのような話をすると反発する人がいます。反発者は自分の立場の意見です。山上氏は生きられなかった。あの時、二百円ありましたか？　やるべきことをやったと言っている。これらの事件発生の全てが、岸信介と安倍晋三の犯罪のツケなのだ。大犯罪を78年間、隠蔽し、謝罪も賠償もしないで、自分の身を守るため、反省も謝罪もしなかった人殺し。犠牲者が山上氏、赤木氏、籠池夫婦。信介の犯罪を隠蔽するために、反日派の文鮮明と結託した。そうして岸信介が統一教会にお墨付きを与えた。票を貰い自分と仲間の議員を当選させて高価な壺を売り儲けた。この悪事を継承したのが、安倍晋三と昭恵夫人。

拙著「これしかない幸運への道」16ページ参照、他人の不幸を考えない異常者。拙著「大宇宙の別天天国に行く」5ページ。人の痛みを感じない。罪を罪と思わない。

権力あれば責任を取る必要がない。その場を去れば権力で潰せる。養育係のウメさんの言葉が現在も生きています。拙著「免疫リンパ増殖手技療法」現在発売中、38頁が統一教会事件。

77頁が森友事件に関係した証拠写真。102頁が石破茂氏を落選させた結託証拠写真。「岸信介氏と孫の晋三氏が政治犯罪を作った根幹の悪人」。私は三十年前に悪を見抜き拙著を発刊し書き続け歴史に残した。

自民党の党首選時、石破茂をやっつけた時に晋三と文雄は次期の総理を結託した政治犯罪を解明した電子書籍「悪事の反省ないから戦争する」に汚い政治犯罪まみれの結託証拠書があります。

・戦争も北朝鮮も統一教会も拉致家族も経済制裁の主犯者が岸信介元総理

アメリカに敗戦した日本国。アメリカから裏金を貰って巣鴨から出てきた米国のポチが岸信介である。実に恥ずかしい人である。

岸信介がアメリカのために働き、日本国の自由を奪ったのが、日米間の地位協定を岸信介元総理が閣議決定したことが有名。岸戦犯は利己主義者。

岸信介が違法な莫大な資金を米国から貰ったから、そこへ付け込んだのが反日派の文鮮明である。逆に願い出たのが岸信介氏でもあった。

A級戦犯である自分の政治犯罪を隠蔽した岸戦犯。拙著「免疫リンパ細胞若返り手技療法」39参照。（統一教会、文鮮明を5年前に予言した）。

【岸信介（自分の戦犯隠蔽）のため反日派の文鮮明に接近し壺売りだけでなく、戦犯費用として信者から奪い取ることのお墨付きを文鮮明に与えた。これが今回の韓国で行われた合同結婚式、統一教会の宮殿で。日本人女性550人以上が韓国人と結婚した。なお宮殿建設費用550億円は日本人信者の寄付による豪華な宮殿であった】。岸田総理は少子化問題に取り組み、税金を使うと言う。それなら日本女性が日本男性と結婚できるように政府が真剣に斡旋せよ。岸田総理は目先のG7に夢中になるな、国民の幸せを深く考えろ。

A級戦犯の岸信介は、第二次世界大戦以前から、中国で日本人が現地人と仲良く生活していた土地を地上げして売りさばき儲けたのである。

岸信介の女遊びも慰安婦も酷い。孫晋三は権力で国家を私物化し枕営業の常習者の

悪党。

【米国との戦争で日本国が敗戦した岸信介は敗戦後、北の徴用工たちに反省も謝罪もしない。賠償も償いもしないから、北朝鮮が32年後に日本人を拉致したのです】。

日本が悪国家、北朝鮮の「拉致」を悪扱いにして国際社会に大金をバラまいて情報操作した。晋三総理は無条件で北朝鮮と交渉するとの公言は嘘。交渉を一度もしていない。日本が北朝鮮と交渉すると右記の通り、**岸信介の犯罪が明確になるから、一度も北と交渉しない悪党。**

【戦後32年間、**北朝鮮**に謝罪も賠償の議論も交渉も**一度**もしないのは、交渉すると岸信介の戦犯が明らかになるからです。日本が**償いしない**から**北朝鮮が拉致したのです】**。

「日本企業に代わり韓国企業が肩代わりして徴用工問題を解決したのは**戦争する火種**」。

【岸信介は反日派の文鮮明から謝罪と賠償と償いを求められたから岸信介は二つ返事して敷地の隣に統一教会を設立させた。高価な壺売りから聖書や洋服などを売り付けた。岸田政権が胸のブルーリボンを撤去せぬなら天が天罰を下し総理を地獄に落とす】。（一人の岸信介と一人の安倍晋三の悪三昧、「権力」「金儲け」「票を貰う」悪三昧）。**悪三昧の忖度議員の答弁**、「記憶がない」、「記録がない」「秋葉復興相、法に**触**

れないとは天が許さない」。

岸信介は米から裏金貰った。信介は文鮮明に国民から奪い取るお墨付けを与えた。

〔岸信介はA級戦犯であるから、反日派の文鮮明に近づき、北朝鮮からA級戦犯の岸信介が罵られるのが怖くて、力のある文鮮明に近づき裏取引して隠蔽を依頼した獣人〕

〔岸信介はA級戦犯罪を隠蔽せずに北朝鮮の徴用工に謝罪し賠償するのが最優先だよ〕

統一教会の現実が金集め宗教活動屋。この犠牲者が日本人信者。お墨付きにしたのが岸信介。

読売新聞の渡辺会長の考え方が汚い。当時渡辺は信介を助けるのに共産党員になった。渡辺氏は岸信介の小間使い人。安倍晋三には未来志向ゼロ、行き当たりばったりの悪策。

渡辺氏が共産党員になり文鮮明と取引した、「A級戦犯の岸信介の罪を隠蔽するため」、反日派の文鮮明との一例結果。日本国内の信者から大金を巻き上げて韓国内に統一教会の宮殿建設費用に充てた。２０２３年5月7日、統一教会の宮殿が完成、56か国から２６００人が合同結婚式に参加した。なお日本から５５０人が参加した。この宮殿建設費用だけで日本人信者から５５０億円を協力させたのが岸信介。その代わり、岸信介はA級戦犯を隠蔽してもらい現在に至る。大切なことを忘れないでください。渡辺氏も、A級戦犯の岸信介を守っただけ、北の徴用工に謝罪と賠償せよ。天代行者の私が20年前から償いせよと発令中。北の金正恩氏との交渉が本筋。A級戦犯罪が明らかになるが実行せよ。

一人の悪人岸信介の心が悪い。安倍晋三と岸田文雄が石破茂をやっつけて岸田文雄が総理になった結託書がある。この現実を詳しく書いた電子書籍「悪事の反省ないから戦争する」。戦争の犬種作り屋がアメリカ。心の芯から汚い人間だから、戦争しない議論が不可能なのだ。

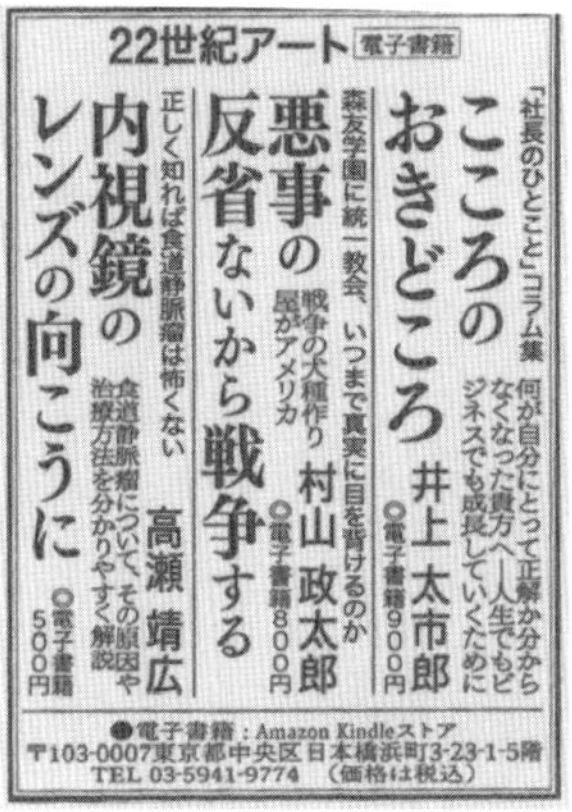

新聞に掲載される！

・「**安倍晋三回顧録**」都知事から総裁選で支持するからと安倍晋三が政治資金パーティーに頼まれて小池都知事のために講演したけど、石破茂氏を支持したとの恨み節があった。「安倍晋三は、小池知事はいい人ですよ、私に勢いがあるときに近づいてきた、私の背中をさすり次の衆院選には応援に行きますからね、とまで言ってくれたが、相手を倒せると思ったならバッとやってきて、横腹を刺すのです」この言葉が安倍晋三氏の回顧録は、自分主義。

『**特報一』アメリカが広島と長崎に原爆投下して多くの日本人を殺した。
米国が原爆で日本人を殺したから戦争を収束させたと米国が正当化した。**この悪事を真似たのが中国。この現実証拠、２００３年発刊「**小言ある家に不幸あり**」第四章を参照。

（**米国が善人なら、岸信介の悪心を善に修正してから味方にすべきでした。**ところが**米国は岸の悪心を改善させないで、米国に都合が良いとして、岸信介をアメリカのポチにした**）。

私の予言的中、拙著「**精神の根源は宇宙天にあり**」【二〇二〇東京オリンピック中止】十年前の予言が的中した。安倍総理は【**東京五輪に反対する人は反日的**】だと、安倍晋三は叫び続けたが、貴方、**晋三が反日的でした。**

東京五輪反対「反日的」これほどの大バカはどこにもいない。これが日本国の総理。アホに天が天罰を下して地獄に落とした。イラク戦争後２０年の声、フセイン時代が良かったとの米国批判続出。ウクライナ戦争は米国の分断戦争なのだ。米国のポチにならずに素直に北朝鮮に謝罪・賠償せよ、これを実行しないと災い発生する。実行しないなら異常気象発生。コロナ禍。鳥インフルエンザ。悪の根幹知れ。拙著「日本丸はどこに行くのか」。（米国の白人社会に天神がいないから、ハリケーンだって、異常気象だって防げない祟られた獣国家）。

北朝鮮の核を排除させるな、米が先に自国の核を排除しなさい。

嘘を吐き騙した晋三政治犯罪がモリカケ桜等の馬鹿げた空っぽ頭脳による獣人の犯罪。

安倍晋三の悪魔の継承者が岸田総理。萩生田・高市の悪い心。絶対に戦争すべきでない。戦争しない議論せよ。戦争しない道の自由の女神像がある。「悪事を隠蔽せずに反省謝罪賠償せよ」これが人間としての正しい解決する根幹です。悪の根幹を改善すれば世開く。

今度の戦争は地球の壊滅です。ガラガラポンにする獣人の精神を見直せ。精神から心理から社会心理科学の行方まで天は見守っています。本書を読んで心を修正して実行して明るい未来を構築してください。

近隣諸国との仲良し作りが**平和の根幹**。これが世界最大の抑止力であり、本当の平和作りです。戦争屋や防衛族は、心の狭い人間だから心豊かでないから平和を作れない。（戦争しない新しい道と議論を教えるために二億年ぶりに私が降臨した）

人類が不幸になる「**原因が戦争**」。生活するにはそれなりのお金が必要ですが、それよりも大切なのは**心です**。この世は荒み善悪の判断不可能は自分主義だからです。このままだと地球は消滅する。ですから**天神の心を知っていただきたい、ニワトリと同じように人間が、呼吸困難になる**、拙著「**日本丸はどこへ行くのか**」に記載してある。呼吸できなくなってからでは遅いから教えているのです。まず**心の改善必須**。**北朝鮮は悪くない。日本は神の国、日本から改善しましょう？　本屋さんに拙著がなければお電話をください**。何とかします。０３―３９９５―５９２４番。

悪い人間、小泉純一郎、竹中平蔵、安倍晋三、麻生太郎、菅義偉、岸田文雄総理。

大きい心を持て、重箱の隅を楊枝でほじくっていたのでは地球全体も大宇宙も見えません。

戦争しない議論をせよ。悪いことをするな、既存の政治権力者と宗教は狂ってしまった。教えても分からないから、天が天罰を下して地獄に落とすことにした。

戦争直前と、戦後の責任と謝罪・反省・賠償することまで深く考えれば戦争できない、天罰を考えられける人間になりなさい。

獣人だから姑息的であり、行き当たりばったり、目先のことばかりしか考えられない。

戦争を繰り返すな。人間の顔をしているが獣人だから戦争を繰り返したのです。

獣人になるな、悪いことをするなと教えた拙著「戦争しない道の自由の女神像」です。

（日本国民は戦争したくない。獣人の政治家が勝手に戦争したのだ）。

『特報二』（戦争政権の自公与党政権は獣人「国民の命と暮らしを守る」とは大嘘）。

イ、自公政権が言う、「国民の命と暮らし守る」とは、自分自身を守るだけの獣人。

ロ、自由で開かれた世界、アジアインド太平洋、力による現状変更を許さない。騙すな。
自由で開かれた世界等あり得ない。自由とは個人のことであり責任がある。騙すな。中国は奪い取った米国とは違う、東シナ海の島を埋め立てたのです。力による現状変更を許さないとは米国がやってきたこと。日本も小さな岩場を埋め立てて所有した。米国は先住民を殺害して広大な土地を奪い取った。（米は過去の犯罪を蔑ろにせず反省せよ。日本は北朝鮮に謝罪し賠償せよ、岸田文雄と安倍総理は豪雨被災で眠れぬ夜に酒宴開催して石破茂氏を落選させた犯罪。河合議員を一億五千万円使い当選させた金の流れを説明しない悪魔。

自由で開かれた世界などあり得ない。中国と戦争したいなら、先に戦争しない議論せよ。

アメリカの自由は己の自己主張、（戦争すると自由がなくなるから自由が大切を悟った）。

米国の安全保障・戦争戦略、現状変更を許さない心と権力行使には自由がありません。

自由とは。個人の心。思う心が自由。個人的な希望・夢・絵を描くも自由。人間に

は個人の自由が必要。戦争すると自由がなくなる。豊かな自由に人間は憧れる、魂の自由、真実が大切。

自公政権党のガラガラポンの戦争精神は、命を捨てた捨て身の敗戦する防衛強化の戦争。


「岸田総理は、戦争するように獣の狐に騙されて洗脳された獣人です」。

『特報三』杉田水脈氏が自ら枕営業を暴露してくれたから、これから天が説明する。杉田水脈代議士は偉くない、枕営業の成功であり、値打ちがない。大臣ポストの価値観。

杉田水脈議員が枕営業で**大臣になれた。伊藤詩織氏は枕営業の失敗だとツイートした。**

このことが重要。杉田氏のこの発言は、相手からあなたの枕営業は、俺のお陰で成功したと言われたのでしょう。これが洗脳。だからこの発言になった？　価値観の次元違う。

大臣ポストを貰えると両親も支援者も本人も大喜びする。だから枕営業があること、私は知らなかった。偉い人の獣人に洗脳された。政治世界には人間としての根幹ゼロ。

伊藤詩織氏に薬を飲ませて関係した相手が、安倍晋三の友人であり、成田飛行場で逮捕する予定でしたが、権力を行使したから逮捕不可能。権力で悪人を助けた者を天**は許さない。**

こんな悪いことが日本の国会、政府内で行われているから天が天罰を下すことにした。

女性代議士と官僚との肉体関係もありました。ホテルの部屋の出入り玄関は別々ですが間仕切壁に出入り口がありました。この現実を報道してくれた。それなのに役職そのまま。

統一教会事件が明らかになり離婚した家族、学校に行けない子供、家族が崩壊した家族やうつ病になった子供、精神が乱れ不安心配性になった家族がある。山上氏の困窮生活。杉田水脈大臣は正々堂々と（**統一教会を支持していただくことは何ら問題がありません**）。

この言葉は**何様なのか？**　総理に洗脳され遊べたからよしとの発言。常識も道徳も秩序も消えた。票を貰うだけだから統一教会の家族の苦痛も分からない。遊ぶための国会議員では**少子化当然**。遊び人には**少子化問題**解決不可能。国会議員が襟を正さないから**子供が誕生しない**。**乱れ呆れた議員には困る**。**安倍総理継承者、萩生田、高市、丸川アホ発言は、人間ではない**。**遊び**遊ばれた代議士は**ゴミ**。少子化問題解決不可能。何のための議員か?

統一教会の闇犯罪が分かったのは、山上氏が安倍晋三元総理を殺害してくれたからです。

それだけでなく、私が三年前に予言した。拙著「**戦争しない道の自由の女神像**」123頁参照、赤木さんの続き・・・・・　**天罰を記載した、天罰とは天が下す罰**。**悪事の報いとして自ら受ける罰**。**これからこのことについて詳しく説明する**。

A級戦犯岸信介氏は、人間としての**常識・秩序・道徳**等がない**反省しない不届き者**。**岸信介氏の**（**戦前**）**のことを少し説明する**。中国は日本と違い土地の売買禁止です。戦前に中国に渡り、日本人が中国住民と共に仲良く生活していたその土地を、地上げして儲けたのが**悪党の岸信介氏である**。拙著「これしかない幸運への道」16ページ参照。村山文学書を熟読していただければ、善悪の判断が可能になります。

・北朝鮮が日本人を拉致したのは、第二次世界大戦で北朝鮮の徴用工に謝罪も償いも反省もしない、北朝鮮の徴用工に賠償をしないから、32年後に日本人を拉致したの

です。

迷惑を北朝鮮の徴用工にかけたことを日本人は知っているのに、日本が謝罪も賠償もしないから日本人を拉致したことも国民は知っているのに安倍晋三元総理が、反省も謝罪も、賠償もしないで、北朝鮮の拉致を許せないとアホ叫び、経済制裁と圧力をかけ続けている。安倍晋三に忖度したバカな議員**「青リボンを胸に付けて拉致を悪にした捻くれ者」**にならずに、北朝鮮の徴用工に謝罪して賠償すれば拉致問題は解決する。**政治家が青リボンを胸に付けても拉致は解決しない、報復のリボン付けるな。北朝鮮に謝罪と賠償せよ。しなければ天罰を下すのが経済崩壊。早く経済制裁と圧力止めろ。北朝鮮に謝罪と賠償せよ。**天の声。

・特定機密保護法、安保法制、共謀罪法、専守防衛、敵地攻撃、防衛費倍増、悪魔の高市のウソ答弁に**天罰。**これだけでないモリカケ桜などの全ての犯罪の根幹がA級**戦犯岸信介の先祖返り**の大霊障の祟り**【償い】**を北朝鮮にしないから天の祟りで**地獄に落とした。**

・北朝鮮に謝罪と賠償と**【償い】**をすれば、安倍晋三は山上氏に殺されなかった。

た。

・国谷裕子氏、古舘一郎氏、元官僚の古賀茂明氏、安倍晋三から言論の弾圧を受けた。

・選挙が近づく度に北朝鮮のミサイルが危ないことにして、Ｊアラート警報を鳴らして国難だと叫び続けた。それだけでなく拉致家族を利用して自公与党政権が大勝利した天罰。

テレビ出演して、東海大学の末延教授は、北朝鮮のミサイルを危険扱いにして貶した。

安倍晋三が、本来やるべき北朝鮮に対する【償い】を実行していたなら晋三は**殺害されなかった。**

「北朝鮮は自国を守るためにミサイルを開発したのです。ミサイルがなければ、フセイン、ビンラディン、カダフィのように、アメリカが北朝鮮の主席を殺害する国家なのである。

私は北朝鮮にミサイルがなかった時から**経済制裁するな、第二次大戦で苦労かけた、徴用、植民地扱いした人や慰安部に謝罪、賠償、償いを進言したが何一つとして実行**

しない。

償いをしないと北朝鮮は自国を守るために、ミサイルを開発すると教えても従わない。

北朝鮮が日本人を拉致したのは謝罪も賠償も反省もしないから日本人を拉致した。

北朝鮮は自国を守るために核ミサイルを開発した。

拙著「小言ある家に不幸あり」264頁参照、北の核を認めてパキスタン、インド並みに認めて、東京からロンドン・陸続きによって新しい文化圏の構想を提案した。

拙著「祟られた日本！ 災厄の自民党政権」56頁参照、観光立国を提案し、イギリスまでマイカーで行けると言う大構想を提案した。少しは叶ったことがありました。

大バカな総理ばかりだから学術会議が推薦した学者を菅総理が拒否できたのだ。心の器が小さすぎる。村山文学の総論理想の実現学を学べ。重箱の隅を楊枝でほじくる政策では駄目、目先のことや場当たり的な政策だけでは駄目なのだ。反省できる総理になれ菅義偉氏。

日本国の総理が「政治犯罪」を隠蔽してきたから様々な事件が発生したのです。

平民が立派だが政治家が駄目。私的な枕営業の総理大臣ではダメ。「説明できない罪」をなくせ、自公与党政権者の頭が狂ったことに気づき心を修正せよ、修正できな

い頭脳だから、中国と北朝鮮を敵国にしているのです。歴史を少し考え戦争しない道を歩んで議論せよ。中国と北朝鮮を敵国にしている意味や内容を聞くと間違いだらけ。情報捜査するな。政治家への祟りが、コロナ禍であり異常気象であり、不景気であり鳥インフルエンザなのです。

代議士が不景気に左右されない大金を貰っているから**国民の苦痛分からない木偶の坊。**

この性格が異常、拙著「**大宇宙の別天天国に行く**」5頁参照、ウメさんの言葉を思い出してください、幼児期から大学時代の学生としても異常な性格でした。

この異常な生活の延長が政界に入ってから益々酷くなった。特に植民地時代に人間を人間に見ない冷たい心の家系の延長なのですから本物の人間になってください。

ですから、反日派の文鮮明と岸信介氏との政策が真逆なのに結託したのです。

A級戦犯の徴用工や慰安婦事件等の戦争犯罪を隠蔽することが自分を守ることであり、文鮮明・統一教会から票を貰うことによって当選できるから一石二鳥だったのである。

「説明できない罪」を文鮮明に知られていたから、色々の犯罪が発生したのです。

ですから「**説明できない罪**」を作ってはならないのです。

この「**説明できない罪**」を天の立場としてこれから丁寧に詳しく説明する。

説明できない罪あるから、米国のポチになり中国と北朝鮮を敵国にして軍備を揃えた。

岸信介氏の汚い精神の性欲を見ぬかれた。これだけでなく先ほど説明した、戦前の中国で地上げ。戦後の強制徴用工、慰安婦等の事件は長期間困窮させた罰。謝罪、賠償せよ。

米国米軍はA級戦犯の岸に罪を償わせずに、米国米軍のポチにさせて優雅な生活をさせた罪が米国にある。何時までも、米国と日本が、謝罪も賠償もしないから惨めな生活をしているのです。善人になれ、心から善人なれば、永遠の大宇宙の別天天国に行けます。

この現実を米国も日本も気づけない愚か者。これから生き続ける未来を深く考えないと異常気象になる。ニワトリと同じに人間が呼吸できなくなる。天の予言。

これ以上悪い行いをするな、戦争したなら得るものなくなり地獄に落ちてしまう。

天の言葉で説明した。**天の声を思い出して心から悪い慣習を直してください。**

【晋三は批判者を反日派と言った。岸信介と安倍晋三が政治犯罪の反日派の反逆者】

・北朝鮮に経済制裁と圧力を掛けたことが、日本国の犯罪行為です。

・北朝鮮のミサイル開発は自国を守る抑止力。これがなければ米国は金正恩を殺す。

・防衛族は単純頭脳、米国の東京空襲で十万人死んだ。忘れて戦争を繰り返すアホ。

第二章

人間として良い行いなら天が天国に導く

白人キリスト教が、戦争しないではいられない悪教

アメリカに自由がある、民主主義があると言うが口先だけでありどちらもない。平和もありません。

あるのは戦争する銃と兵器であり、毎日生産する軍需産業ある。このような働きをしてアメリカ人は何のために生きているのですか？（アメリカは知らないが別天天国ある）

この地球は試練生活です。天から試されて生きているのですから人間が必ず死ぬ。このことを分からないから、アメリカが中心になって姑息的な場当たり的なバカな戦争をしているのです。戦争したなら大量に人間が死ぬから天から崇られる。難民出る。戦争したなら絶対に平和を構築できないことを知らないのですか？

一人一人の生活を豊かにした平和構築には**戦争しない道の議論をお願いします。**

「**戦争しない道の自由の女神像**」書、天の代行者の村山政太郎が**幸せになる道を示した**拙著を発刊したから塾読をお願いします

（白人キリスト教たちは別天天国を知らない、地球の平和も知らない、戦争しないためには、**「戦争しない道、戦争しない道の議論」**をお願い申し上げます）。

『重要一』　最初の地球にも、別天天国にも、白人の存在はありません。突然変異人種です。

白人は平和の答えを持っていない。ですから戦争する軍需産業が蔓延る銃・獣国家です。

米国に平和あるなら**A級戦犯の岸信介をポチにしない、大金を与えない。米国に平和あるならA級戦犯の悪い心を修正してからポチにさせます。白人が天使なら天の代行者の私に教えられなくとも常識を知っている。**岸信介の心を改善せぬから悪魔の孫が誕生した。

米国白人が天との縁もゆかりもないから、私の天の心が分からないのです。

・最初に日本国内の政治犯罪を説明する。安倍総理になり十年間、防衛、敵基地攻撃のミサイル、ロケット、兵器備蓄戦争に邁進した狂った精神者が**安倍晋三氏**であり、祖父の**岸信介の政治犯罪隠蔽、北朝鮮への経済制裁であり、米国との戦争誘導密約同**

盟国である。

この悪策を継承したのが岸田氏の敵基地攻撃能力の信念が一つもないのに、空っぽなのに分かったふりして、総理の椅子を勝ち取るためだけを考えたずる賢い人間性が浮かび上がったのが岸田総理である。岸田氏は安倍総理との政治結託が戦争法ですから即刻、意表をついて、**安全保障政策の大転換を図り河合議員を当選させたが、犯罪が明らかになり首になった共犯者である。安倍氏と岸田氏の悪確約、**暴露予言拙著、２０１８年発刊「**免疫リンパ細胞若返り手技療法**」**表紙の写真と、複数の写真をご覧になると、安倍総理**と岸田文雄氏の政治犯罪が明確。電子書籍、「悪事を反省しないから戦争する」熟読お願いします。

（２０２３年1月13日、悪なる安倍総理を継承した岸田総理が米国に行き騙されて軍需約束）した。肉眼に見えぬが、アメリカが分断図った台湾戦争の結末結果「**地獄の根幹像**」**が天津会の博物館にある。**本書の第二章、（1図）（2図）。第四章には**地獄の写真多数ある。**

・**白人キリスト教には戦争しないでいられない悪い癖がある**

白人には平和の答えを持っていないから戦争する。防衛族は絶対に平和構築不可能。白人に戦争する悪癖ある。ならわし、くせ、習慣、性質、悪い行動様式、心の狭い獣人。

米国白人がベトナムに平和を作ると嘘吐いて戦争した。敗戦して逃げ去ったからベトナムに平和が訪れた。この地球に**米軍**がいなければ、地球が平和で豊かになれた。現在のベトナムにも枯葉剤による被害者が未だに多い。水爆のマーシャル諸島の子供、日本の第五福竜丸、グアム島も枯葉剤で汚染されました。白人キリスト教は人間を人間と見ないでバカな宗教。先住民を虐殺して領土を奪い取った悪い白人でありキリスト教なのである。

平和構築すると米軍がリビアのカダフィを殺害して**戦争勝利**したと喜びは束の間であり**平和ゼロであり、自由も民主主義もありません。**

白人米軍国政権が、アフガニスタン戦争で、ビンラディンを殺害して戦争勝利したが平和がない。挙句の果て大量破壊兵器なかった。**・白人米軍キリスト教が、フセインもカダフィもビンラディンをも、立て続けに殺害したけど、平和も自由も民主主義も誕生しない。**

（国連で戦争しない議論すればよいのです。どうしてしないのですか？）

戦争しない議論をすれば平和構築の糸口が見えてきます。私が白人に促したのです。

戦争して殺害したなら平和が訪れない（平和構築根幹とは戦争しないことが前提）。

「白人米国が地球で一番の悪人だから戦争する」、悪い慣習（癖）を変えなさい。拙著、２０１４年発刊「**精神の根源は宇宙天にあり**」第九章をご覧ください。「**悪い慣習（癖）を変えないと戦争がなくならない。**

・この世の戦争の始まり、ユダヤ人同士の戦争から始まった

そうして、戦争する「悪い慣習（癖）」を付けたのです。

エジプトは太陽信仰の発祥地であることをご存じだと思います。

そこには白人がいませんでした。黄色人種がいました。その中に黄色人種のユダヤ人がいました。このユダヤ人が悪事を働くから**奴隷**になった。奴隷ですが差別されて惨めな生活していたわけではない。だけど奴隷が嫌だったからシナイ半島方面に出て行った。そこでの生活が厳しかったのです。この厳しい話とは、最初は食料でした。

その次は領土でした。少しずつ豊かになったから欲張り人間になってしまった。

欲張りが戦いの始まりです。戦う相手は同じユダヤ人同士との戦いなのです。

それなりの繁栄あったから欲望が強くなり生活を豊かにするためにユダヤ人同士が生き抜くために組織を作り、**ユダヤ人同士の戦争が絶えなくなった**。エジプトの太陽信仰では、**ユダヤ人は奴隷だが生活苦がなかった。性格が良くない人が少しいたから奴隷になった。**

ユダヤ人は欲望強いから毎日ユダヤ人同士との戦いばかり。戦わずにはいられない性格。これでは心が狂う。精神不安・被害妄想が酷くなる。この苦痛の中に**突然変異の白人が誕生した、**喜んだ。大切に育てた。繁殖力が旺盛。増え続けた。拙著、2014年発刊「**精神の根源は宇宙天にあり**」265頁に記載してありますから参照ください。

・白人キリスト教が誕生してから大戦争する世の中になった。

毎日が生死をさまよう戦争ですから、精神も心もおかしくなるのは当然。毎日戦争しているのですから戦争するのが当然（癖）になった。この戦争精神を現在継承しているのが、白人キリスト教なのです。そうして、白人キリスト教同士で、自分たちの

悪行を棚に上げて、過去の罪を正当化して白人キリスト教同士で戦争している。戦争しないではいられない（癖）です。

・白人キリスト教に戦争する悪い（癖）ある。戦争をなくすには悪い慣習（癖）を改善せよ。

（癖）改善しないと戦争は永遠に続く、何のために生きているのか分からなくなる？

慣習（癖）を学んでください。同質なもの、**習慣、習性、性格、風習**などが同質である。

「くせ」を説明する。無くせなのだが欲望強い人種ですから**戦争する癖がついた。**

白人キリスト教は、隔たった性格、性質・傾向。元に戻すことが困難。

白人キリスト教には、戦争せずにいられない**（悪い癖に気づけ）無頓着獣になるな。**

毎日戦争していたから戦争することが当然になり、戦争することが癖になった。

白人キリスト教には戦争しないでいられない、**「戦争癖があるから恐ろしい」と伝えた。**

白人キリスト教が戦争しないでいられない原因を先ほど伝えたが再度教える。「毎日戦争していたから戦争しないでいられない癖がついた」この話がキリストの声。『天の声』「エジプトから黄色人の奴隷のユダヤ人がシナイ半島に出国して、出国した者同士で戦い勝利したものがそれなりに繁栄したおかげで戦争勝利に快楽を覚えた。この時期に突然変異で白人が誕生したことを先ほど話した。

そうして繁栄した、戦争勝利を覚え喜んだ。欲望叶えられた白人が爆発的人口増加させて精神が野生化して戦争勝利に邁進したから力を付けて**過去を顧みないバカ者だから有頂天になり次々と**先住民を殺害して居住地を奪い取り支配して優雅な生活を勝ち取った結果。**白人キリスト教が戦争しないでいられないバカな戦争する悪魔の「癖」**がついた」。

『重要二』　白人が黄色のキリストを「磔」殺したわけ。白人が繁栄したから、黄色のキリストが邪魔になり「磔」殺した。善人のキリストは殺されたから、宗教をつくれない。

私は継承者ですから宗教をつくりません。拙著「**大宇宙の別天天国に行く**」第一

章、村山政太郎はキリストの生まれ変わり。ご覧になりましたかキリスト教？

『重要三』**（白人が黄色のキリストを殺して、白人キリスト教をつくった）。白人キリスト教には、思いやり、協力する、助け合う良心がない。感謝もない。あるのは、**戦争して勝利して儲けて繁栄したから、黄色者の本物のキリストを「磔」殺した。**白人キリスト教は善悪判断不可能。（真実）を蔑ろにするな。戦争に勝てばよいだけの白人キリスト教。**今回のウクライナの戦争もキリスト教とキリスト教の戦争なのだ。

恥ずかしくないのか宗教？

拙著**「精神の根源は宇宙天にあり」２５６頁参照、ウクライナ戦争を予言して、ウクライナは再起不可能なのだ。を予言した。戦後に私の予言的中を把握できます。**

戦争に勝ち繁栄すればよいのが獣。平和も自由もないのが白人キリスト教「戦争しない道の自由の女神像」。戦争しない道を考えられない**白人キリスト教。**戦争するが止められない。戦争「**癖**」だからネチネチと戦争勝利するための綿密な現況解説。兵器供与と戦略戦争に熱中して毎日明け暮れて戦争に輪をかけた戦争を止められない。姑息的・場当たり的であり、**真実なく一貫性がなくて平和なく白人キリスト教は「戦争する癖」の宗教です。**

真実よりも、自分自身の感情に寄り添う情報を受け入れて自分に都合の良い生き方

をしているのです。

白人キリスト教には、真実がない。真実を得るには自分自身の努力が必要であり、**宗教には確かな予言が必要。**科学を肯定した宗教ではない、科学より先を行くのが**宗教であり政治家を本物の人間に育成指導するのが宗教の役目である。**

（一）、喜怒哀楽や善悪、物事に感じて起こる気持ち、害する、高ぶる気持ち。

（二）、心・精神の働きを知・情・意に分けた時の情的過程全般を指す。情動・気分・情操など含む。美しい、感じが悪い。主体が状況、対象に対する態度、価値や気持ちなど心的過程。感情は感情なのです。**白人キリスト教は感情だけで生きるな。**

白人キリスト教には人間としての根幹ゼロ。なのに訪問勧誘活動する事態が大間違い。

私は天の代行者。私は常日頃から、大宇宙から地獄までの全体の幸せを考えぬいて心に入れて生きています。人間は常日頃から正しい真実を大切にして人間としての根幹を深く考え抜いて正しい心で幸せを求めるのが人間です。

人間としての常日頃からの根幹学とは、（大宇宙から地獄までの全体を頭に入れた真実の根幹の学問）を「総論理想の実現学」という。

「総論理想の実現学」を身に付け、心に持ち続け用いて「各論理想の実現学」で議論を始めてください。最初に優先順位も必要です。全てを考慮し議論してくだされば、困難な問題でも解決できます。

私は、戦争しない道を歩み平和で豊かな生活を営めるように指導育成して努力している天神の代行者の村山政太郎です。

白人キリスト教たちは自分・利己主義の人々。私の気持ちを分からないと思う、自分のことだけしか考えられないのが白人キリスト教、組織を作り、力を付けて威嚇し、兵器を持ち売り捌き、それを抑止力として使い脅している**白人キリスト教なのである。**

本物の抑止力は近隣諸国と仲良くするのが最大の抑止力である。

獣の心は狭い、心が小さいから全体の幸せを深く考えられない、いいもの主義・場当たり的であり目先のことしか考えらけれない感情の自分主義者の戦争癖者たちなのです。

他人の幸せを深く考えられないのが自分主義。過去の犯罪を蔑ろにして欲望での権力者なのに善人になりすまして我欲権力に寄り添った利己主義者が、白人キリスト教

なのである。

エジプトの太陽信仰から逃げて、シナイ半島に渡来して仲間同士で戦い続けた自分主義連中の中から突然変異の白人が誕生し、戦争するのが目的になり、戦争する「癖」が付いた。

白人キリスト教が戦争しないでいられない「癖者」。悪い慣習癖に取り憑かれた獣人。

白人キリスト教の政権者が自分主義だから、お世話になった先祖の黄色人種の立派な神、キリストを「磔」。殺した天罰の祟りで心が狂い戦争しないでいられない。戦争しない道の議論できない人種。白人キリスト教にキリストもマリア様の存在ないことに気づけない宗教。（だから二億年ぶりに私が降臨した）

キリストもマリア様も白人キリスト教会にいるのか、いないのかもわからない宗教。天神能力ゼロの白人キリスト教会である。キリストを殺害して、偽物の数々のキリスト教を設立して造った教会。

（現在のキリスト教会には、本物であるキリストもマリア様も存在していません）。

この続きを把握するには、「戦争しない道の自由の女神像」熟読を、お願い申し上げます。

マリア様は博物館に鎮座している。キリストがウクライナに行き戦争をさせています。

贖う宗教はこの世にいらない。金品などを差し出して罪の償いをする方法。埋め合せをする。金品を出して処刑を免れること。天の声、**心が第一であり、金品は心を表した物でよい。**

白人アメリカ・キリスト教は戦争して勝利するために毎日、兵器と弾薬を作っています。

米国の戦争軍需産業を発展させたのは勝つため。戦争しないでいられない癖になった。

日本に戦争「癖」を付けた悪人、小泉純一郎、竹中平蔵、安倍晋三、麻生、菅、高市、岸田総理。先の戦争犯罪を省みず日本の政権者は「米国のポチになり企業をぶっ壊し続けたアホたちの悪の正体がもう少しで明らかになる」。キリストが10月に天津会に帰って来る。

反省しないと天変地異でバタバタ企業崩壊するし、人間もバタバタ死ぬ。予言。

アメリカは自分主義の悪い国家である。日本企業の骨を奪い取り皮膚の皮だけにした**自公政権**。東芝、日立、日産、三洋、シャープ、西武グループ、株式持ち合い制度廃止。

・特報・これだけは覚えてください。

最大の犯罪、（第二次大戦のA級戦犯岸信介による。**北朝鮮人被害者への謝罪と賠償しないことが最大の大犯罪。（山上氏が安倍晋三を殺害してくれたから統一教会とA級戦犯の岸信介の犯罪が少し見えた）　戦争犯罪を解決せよ。**これが（**日本国が自立できない根幹**）。

・特報・次のことを実行しないと、天が天罰（政権者を地獄）に落とす。

岸信介の大戦争大犯罪植民地・徴用工・慰安婦等への被害者に（必ず謝罪と賠償せよ）。

岸信介の戦争犯罪を隠蔽するため「拉致問題を解決させなかった」。A級戦犯を検証し解決せよ「謝罪と賠償せよ、実行せよ。しないから北朝鮮が日本人を拉致したの

だ」。この現実を把握反省して、北朝鮮に謝罪と賠償し解決せよ。これが天の命令です。必ず実行せよ。

（重大事件A）「自公与党政権が北朝鮮に謝罪も賠償も交渉しない。その原因、北朝鮮と交渉するとA級戦犯岸信介の政治犯罪が明らかになるから、北朝鮮と一度も交渉しなかった」。

この現実を私は三十年前から天の代行者として何度も言い続けて教えたが政府無視した。

日本政府（安倍独裁）が中国と北朝鮮を敵国にして戦争して日本国を再起不能のガラガラポンにする悪戦略を計画していたのである。

A級戦犯祖父と孫の晋三は先祖返りの反逆者。だからいらない勅語小学校を完成させた。そうして赤木さんを自殺させた。拙著「免疫リンパ細胞若返り療法」75頁参照、行き当たりバッタリの安倍総理。森友学園で昭恵夫人に子供がいない、児童の暗唱を聞き感動して昭恵は涙を流した。友達の加計夫人に学校があり明恵夫人が無性に欲しくなった事件。

安倍晋三は反逆者の独裁者。**妻を妻と見ていない**。昭恵氏に勅語と小学校を設立させた。籠池氏と赤木氏は昭恵夫人を訴えれば勝利可能。**安倍晋三は枕営業が本職**。**杉田大臣（枕営業の勝利者）**ですから**伊藤詩織氏に枕営業失敗をツイート**して馬鹿扱いにした。

・安倍晋三はＡ級戦犯祖父の北朝鮮への謝罪と賠償したくないから孫の**安倍晋三氏は自分の罪を棚に上げて、罪を蔑ろにするために戦争したい一心でした**。父親の晋太郎氏は（嘘つきが天下一品だから）晋三を総理大臣にさせないでと言っていた。**モリカケ桜のウソ答弁。モリ１１６回のウソ。桜１３６回のウソ。安倍総理**は罪を罪と思わない不届き者です。

一例、晋三は何度も任命責任が私にあると認めた。一度も責任を取らないから岸田総理も自分の責任と言いながら一度も責任を取らない。弛みに弛み切った自民党はいらない。

（重大事件）Ａ級戦犯と孫の晋三が朝鮮人被害者に対して謝罪と賠償や償いをしたくない。なぜなら実行するとＡ級戦犯祖父信介の犯罪が明らかになるから解決させたくなかった。

中国と北朝鮮と大戦争し完全に日本国をぶっ壊して、ガラガラポンにする計画でした。

これまで何度も説明したことだが、A級戦犯の岸信介氏は幼児の孫の晋三に我流の間違った政治学を教えたこと。父親の晋太郎氏は、息子は嘘つきだから総理にさせないでと周りの人々に話されていた。

私は二十冊ほど発刊して先ほども教えたこと、**（重大事件A）**が重要なのだ。このことを解決しないから日本が**（ガラガラポン）**になる。**私を信用しないから戦争するのです。**

拙著「**神の啓示、戦争語録忘れたか**」74頁、128頁参照。

あの当時、政府・官僚との関係者が体調不良で来会した時のコメントを記載したからご覧ください。

記載していないこともある、その当時の**政府・官僚のコメント（ガラガラポン）の悪策でした。その書類を貰ったから拙著に載せても良いのかとの問いに、宜しいとの答え貰ったが遠慮した。**次の拙著「**がん免疫リンパ増殖手技術書**」126頁**をご覧ください。握り拳で殴った荒れた国会を思い出してください。**あの時、安倍晋三総理は国会でニタニタして笑っていた精神がおかしい卑怯者であった。映像が残されていますからご覧くだされば把握できる。

北朝鮮拉致問題を無条件で交渉すると公約したが一度も実行しない理由？　北朝鮮が日本人を拉致したこと。北朝鮮の拉致を悪利用したこと。北の核やミサイル発射を悪利用し国難扱いし国政選挙に悪利用し大勝したこと、拉致問題に一度も取り組まなかった**理由**。

（重罪）「祖父岸信介のA級戦犯根幹罪。朝鮮人被害者、徴用工・慰安婦・戦死者等への謝罪、賠償、償いをしないことが、日本国の最なる大罪。であるから日本国は浮かばれず沈没する」。天の声。

安倍総理の戦争する憲法改憲の始まり、幼児期にA級戦犯の祖父の岸信介が孫の晋**三を洗脳した祟り。**【岸信介のA級戦犯の隠蔽】これが日本国の崩壊の始まり。**この予言重要。米国のポチから脱出可能か？　兵器大量購入。北朝鮮と中国を危険な国家だと洗脳されて邁進してガラガラポンにすることまで洗脳されて生きてきたことに、気づけますか？**

●安倍晋三を殺害したのが天の天罰（予言は的中する）

安倍晋三は政治犯罪者。三権分立機能しない、犯罪を見逃したから天が天罰を下した。天罰で二度と這い上がれない地獄の根幹像に落とした。天の予言は的中する。この原稿を講談社のエディトリアルの担当者に原稿を渡したが契約していない。自費出版費用の金額の提示を了解したが契約なし。その時の絵図の作成を求めたから私は認可した。その時に拙著を八冊ほど献本した。この後にも原稿を持ち運んだが、返事はお預かりします。

●私の拙著は予言が多いから大手の出版社との契約も発刊も難しいのは当然です。結果書なら歴史に残せる。拙著のタイトル「悪支配者が行く地獄の根幹像」。（1図）。（2図）「天が晋三を地獄の根幹像に落とす予言」２０２１年11月29日。山上氏の安倍晋三殺害日２０２２年7月8日。「悪事の閣議決定を天は許さない。天は国民を守る。事件を発生させても罪にならない不条理、戦争を止めるために天罰下して地獄に落とした」。これについて本書の出版社より、講談社の名を削除されたから（私）の責任において地球に本物の平和構築のために悪の政権者を天の作用で天罰を下し「地獄の根管像」に落とした。

・博物館にある天から私に授けてくれた天の作用の天授品「地獄の根幹像をご覧ください」。

（１図）　地獄の根幹像（全体）

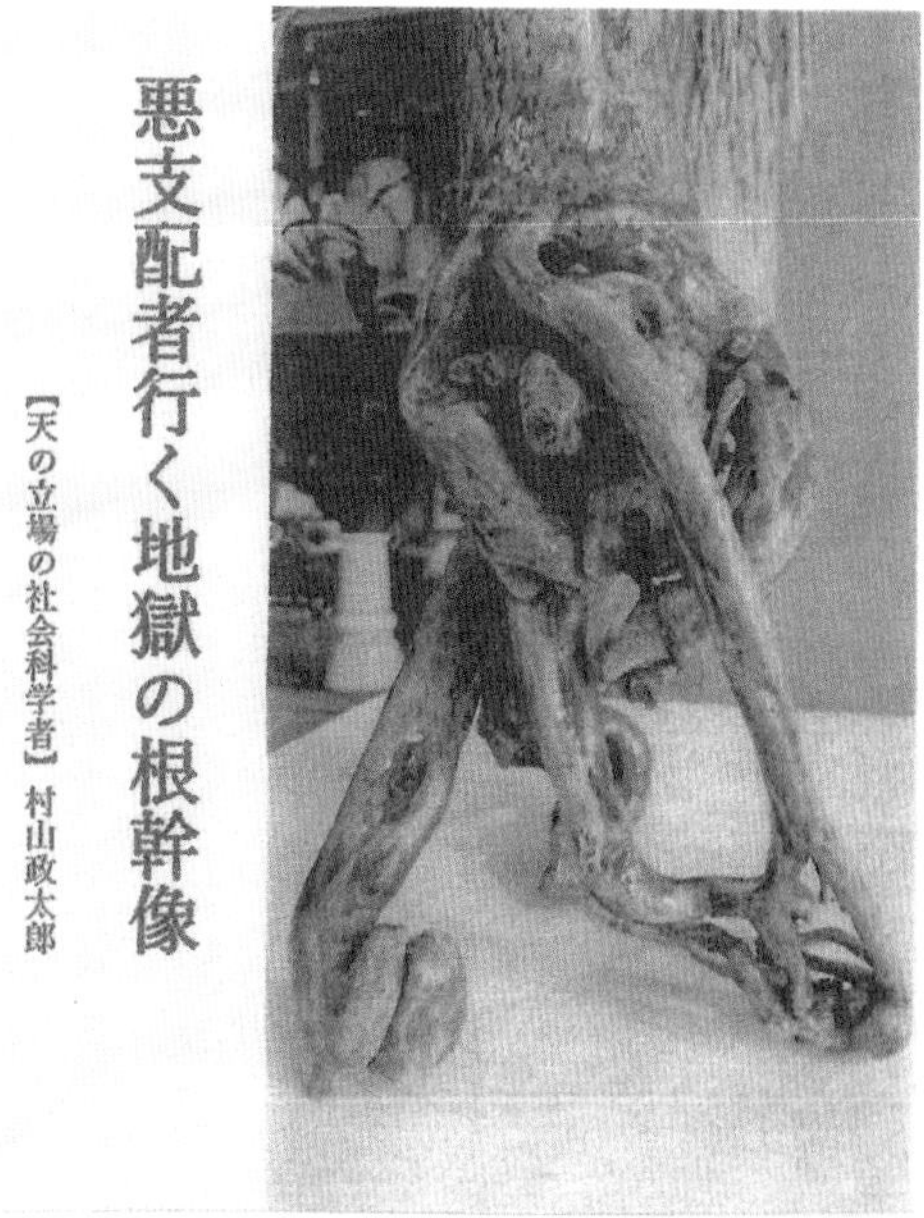

私は天の代行者として、地球の政権者が余りにも悪いことをやっているから予言して早めに、お知らせしているが気付けない。

悪いことするなと教えても気づけない。

このままだと天罰で地球爆発して地球消滅する。

拙著のタイトルだけでも覚えてください。

安倍晋三総理の犯罪を国民は既に許したのでしょうか？　許してならない。それだけでなくてA級戦犯の岸信介の政治犯罪も許してならない。多くの人を殺した罪。

これが天の声。

（２図）　地獄内の悪魔の生贄

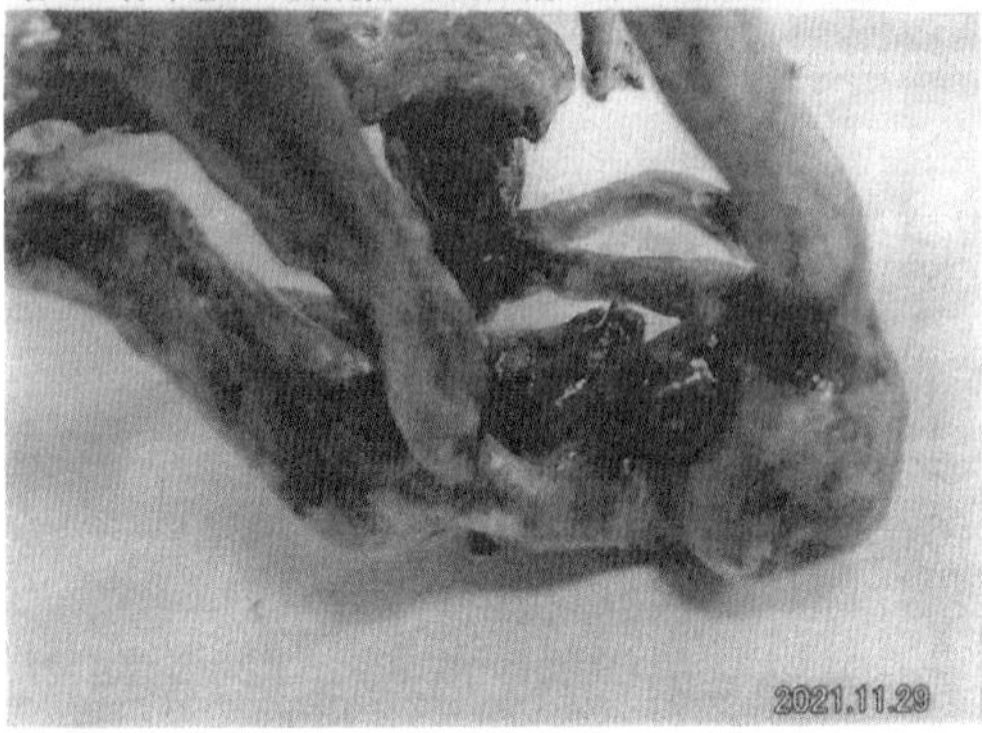
晋三が行く地獄の根幹像。生贄現場。胸部の悪魔を深く観察。

下向きの赤ちゃんの顔を確認してから本書をごらん下さい

悪いことすると地獄に落とす。本当です。天津会に地獄の根幹像が博物館にある。上の写真、日付が２０２１年11月29日。

日本は世界最古の神の発祥地ですから世界に見本を示さなければいけない任務ある。ですから山上氏が安倍晋三元総理を殺してくれ２０２２年７月８日に亡くなった。

この現実を説明したから天の予言的中すること把握できた。人間なら予言や想定できる人間になれ。これから戦争を考えるな、戦争しない道を考えてください。

左記の写真、「博物館（全体）の写真です。

白人キリスト教はキリストを殺害した祟りで戦争しないでいられない天命になった。

「白人キリスト教は獣国家になった。戦争しない道を歩んでくれていたなら戦争しない」。

（3図）　博物館（全体）

ウクライナ戦争は白人キリスト教同士の戦争。気づけないのは、獣人だから。気づけないから戦争しなければならない運命に天から陥れられているから戦争している。気づく原因を深く考えて改善・修正できる頭脳がないから一生懸命戦争しているのです。

・博物館。大宇宙から地球を見ている写真であり地獄まで把握できている全体を見ている特別な写真。村山文学の「総論理想の実現学」です。写真提供者、前澤紀子氏です。

・地獄の根幹像（全体）、拙著「戦争しない道の自由の女神像」77頁から82頁参照。悪いことした人が地獄に落ちた姿の写真映像です。人間が死んでも終わりでない。生存中に悪事を働いた人が地獄に落ちて一生苦しみます。ですから私が悪いことするなと教えているのです。

・地獄内の悪魔の生贄の写真、安倍晋三氏が山上氏から殺される以前、天が私に悪事を働いた安倍晋三の死を教えてくれた。

写真に赤ちゃんの頭ある、眼あるが肉眼に見えない。写真だから見えた。悪魔の顔あるが、悪魔の顔を撮るのが難しい。天の作用は神技。博物館で確認してください。

（白人キリスト教の政権者が自分主義だから、お世話になった先祖の黄色人種の立派な神であるキリストを「磔」殺した祟りで心が狂い戦争しないでいられない癖の獣人になった）

・アメリカ・白人キリスト教は、天や真実よりも、自分自身の感情に寄り添う情報を得て、または「自分自身に都合の良い情報を作り出して」一方的に威嚇・権威力や武器兵力などを使い脅して地球を支配し続けてきた。

・大戦争を始め、組織を利用して、武器等と兵力を用いて戦争に関与し命と暮らしを守るとの嘘公言。自由で開かれた世界、豊かな平和を作るとの嘘公約し長期に戦争して騙した。

戦争の一例、ベトナム戦争、イラク戦争、シリア戦争、アフガニスタン戦争、など数えきれないほど戦争して、ブッ壊して騙してきた。良いこと一つもない。ウクライナで戦争中。戦争する原因があるから、私は世界の皆さんに、十年前に予言して教え続けてきた。

２０１４年発刊「精神の根源は宇宙天にあり」２５６頁（ウクライナは再起不能なのだ）と予言した。この文章を読んでも、天に祟られた戦争屋には分からない。数年後に戦争が終わるとウクライナ人も関係者も（ウクライナは再起不能なのだ）との予言、把握可能。

・人間同士で戦争しない。白人キリスト教同士の戦争、それ以外の戦争しない方法ある。

大宇宙の別天天国図（総論理想の実現学）人間としての根幹を説明する。

（４図）　大宇宙の別天天国図（総論理想の実現学）

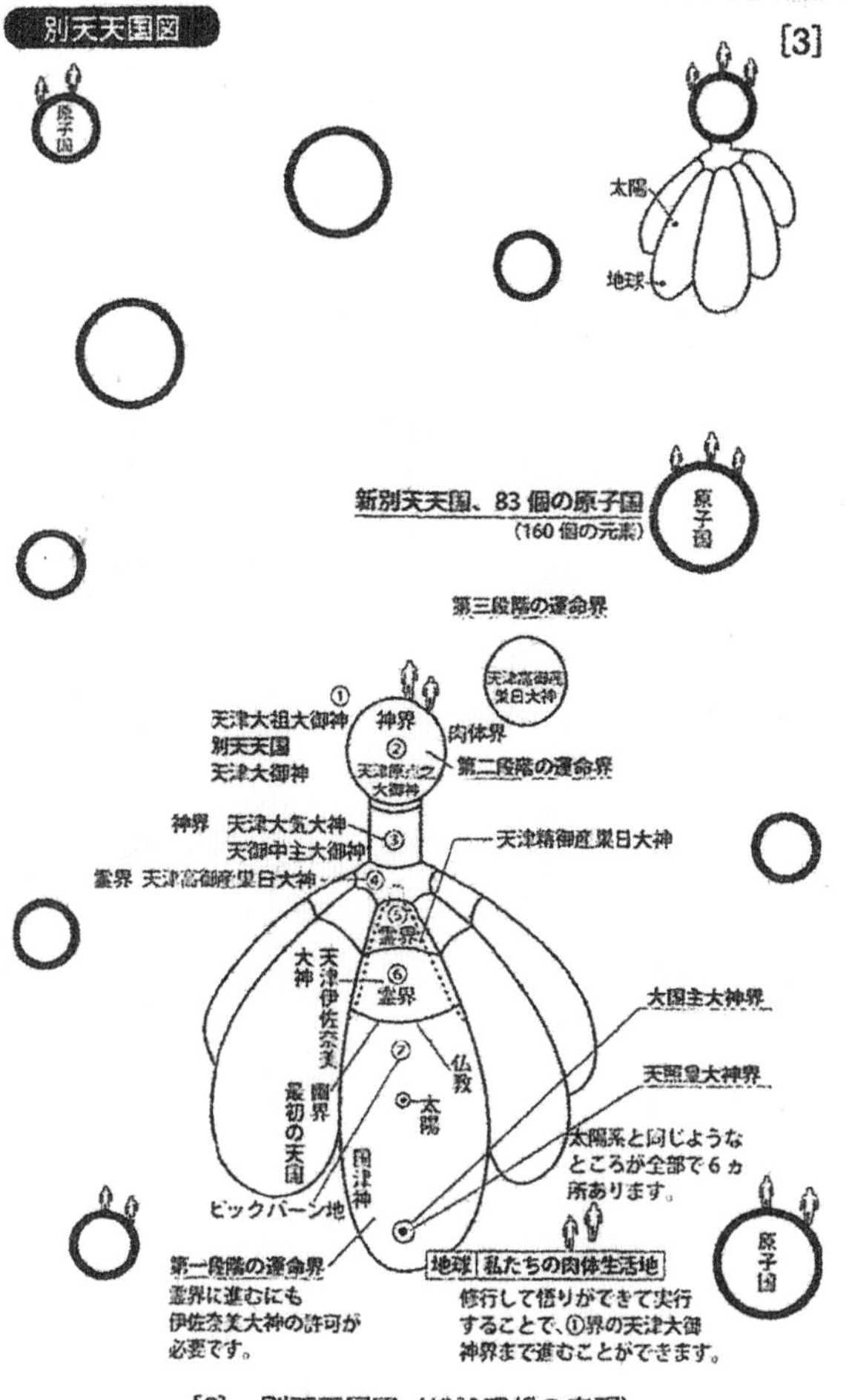

[3]　別天天国図（総論理想の実現）

どうして戦争しなければならないのかを真剣に考えてください。

戦争などしないで済むのです。それなのにどうして戦争するのでしょうか？

それは、人間としての心が小さいからです。ですから、大宇宙の別天天国図（総論理想の実現学）を紹介して説明したのです。

先ほど、ウクライナ戦争を説明しました。戦争してロシアに経済制裁したから、石油、ガス、などのエネルギーなどから、食料品から資源まで少なくなったから高くなり、給料が上がらないから生活が困窮しています。この現象は戦争したからです。

戦争しなければよいだけのこと。それなのに、どうして戦争するのでしょうか？

戦争して幸せになった人は一人もいません。

心が小さいから、考えられることに柔軟性が足らないのです。ですから、大宇宙の別天天国図（総論理想の実現学）を紹介したのです。

後で説明するが、右の上部にも「太陽がある地球」がある。現在の大宇宙に「二つの太陽ある地球」がある。後で詳しく説明しますから、二つあることだけを覚えてください。

現在の地球人が生活している場所、大国主大神と天照皇大神を記載している場所が地球なのです。

この地球を分かりやすく説明する。模型があるから説明する。

拙著『これしかない幸運への道』92頁の模型。【5】の天界図に、6本のバナナがありましたが、今回は一本のバナナの「地球拡大及び太陽系図」の「模型」の説明です。

（5図）　地球拡大及び太陽系図の模型

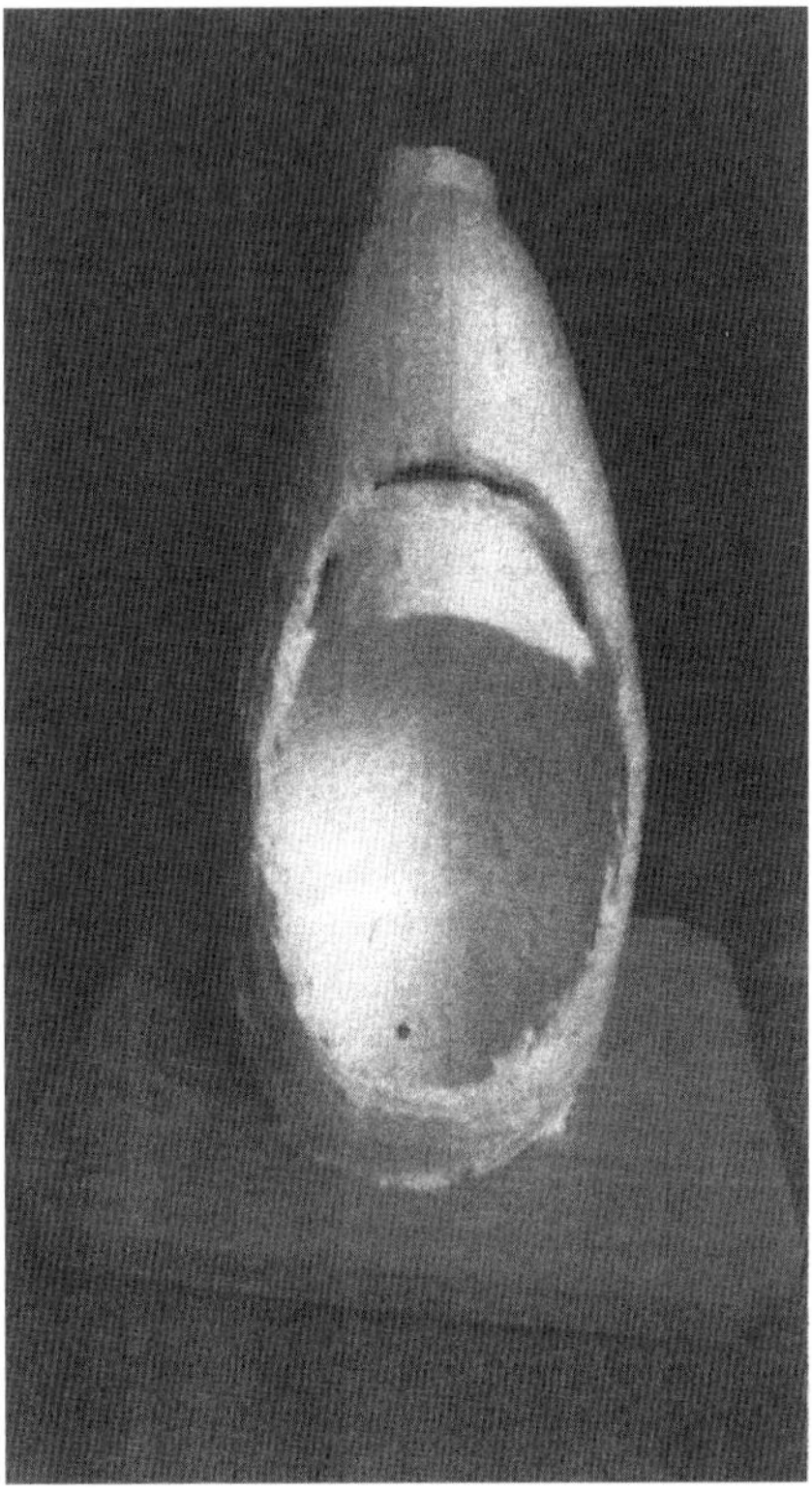

これまでの地球界において、大先生方が沢山いらっしゃいますが、大宇宙の別天天国のことから地獄のことを分かっていないから、中途半端ないい加減な勉強をしてきたのです。

それだけでなくて「人間としての根幹を知らないから、人間の根幹を実現できないから、やってならない困窮する戦争を繰り返してきたのです」。（戦争したから物価上昇した）

少し前の頁にて、**大宇宙の別天天国図**（**総論理想の実現学**）を説明しました。この図面は「**大宇宙の別天天国に行く**」書の217頁に記載した図面です。

この図面を人間の肉眼で直接に見られません。このことをこれから分かりやすく詳細に説明するが、**人間の肉眼に見えないわけを先に説明する。**

【6】一本のバナナの「地球拡大及び太陽系図の模型」220頁の写真を持ち得て人間の肉眼に見えない理論を説明する。

この「**一本のバナナの中に地球があり動植物**（**人間**）**が生活している**」この中のことを人間に分かりやすく説明するために壁を切り取った、**模型**を造ったのです。

地球人が一本のバナナの中で生活しているのです。このことを分かってください。

人間が一本のバナナの中に地球があり、その地球で生活しているのです。このことを把握しないと、大宇宙の別天天国を把握することが不可能です。

現在の人間は一本のバナナの中の「**地球**」にて生活しているのですから、上空を見上げても、これまでに延々と生活してきた。その繰り返しは、**弱肉強食であり、強いものが弱いものを殺し続けてきた、そうして高度な武器を持ち戦争して人間が人間を殺し合い続けてきた。私は昔から悪人間が欲しがる宝石からエネルギー資源等、悪人が落ちる地獄に沢山あることまで詳しく教え続けてきた。**

これだけでなくて、大宇宙の別天天国に行くには、光よりも早いこと。私に与えられた天の作用を隠すことなく、ありのまま世界人類に平等精神を持ち教え続けてきた。

この現状について人間なら、何かを考えられるでしょう？　考えるべきです。このこととは、人間として、**素直に人間としての根幹を学ぶべきである。**後で詳しく説明する。

ここまで説明したこと。

一本のバナナの中の**地球**で生活していたのですから、「**地獄**」も「**大宇宙の別天大**

国」もあることをこれまで知らなかった。このことをここで勉強したから、私が説明している内容を少しだけわかってくれたと思います。

だけど、私は既に、地獄も大宇宙の別天天国があることを教えていたのです。

このことの証明が「博物館」であり、大宇宙の別天天国図（総論理想の実現学）であり「地球拡大及び太陽系図」「模型」であり、大宇宙の別天天国から見た全体の絵図と模型です。

大宇宙に行って見た概要、大宇宙の別天天国図（総論理想の実現学）である。それを基にして作ったのが、博物館です。別天天国図の中央の正面にある一本のバナナの「模型が地球拡大及び太陽系図」であり、地球の地下にあるのが「地獄の根幹像」です。

右記で説明した「根幹像」の他にも博物館内に数種類の根幹像があります。

このことを詳しく説明する前に、地獄に落ちる悪人支配者を先に説明する。

本書で先に説明した、「地獄内の悪魔の生贄」を用いて、「モリカケ桜の大事件犯罪者の安倍晋三元総理が山上氏から殺された日、2022年7月8日です」。「悪支配者が行く地獄の根幹像」を、正式に天から授かった日が、2021年4月25日、であり、天から「地獄の根幹像」を天から私が授かった。この時に私は天罰で安倍晋三総理の殺害を知った。天から地獄に落とされることを把握した。

・安倍総理は籠池氏を見たことない、会ったことない、話したことないから（指示）をしていないと罪から逃れた。野球やサッカーにも監督の（指示）があり采配が重要。【安倍総理は毎日（指示）していた、籠池氏を詐欺師だとの国会公言は餓鬼公言。総理が詐欺師なのだ。

晋三総理が詐欺師です。自民党は日本国にいらない。（総理の悪指示で世が狂った）「モリカケ桜、学術会議・公文書改ざん等々（指示した）」。（晋三の指示が犯罪なのだ）。

・フィリピン【渡辺容疑者の（指示）】。広域詐欺強盗殺人。（悪指示）が大重犯罪。

「戦争しない道の自由の女神像」発刊で、(指示犯罪が重罪犯であることを記載した)。

安倍晋三総理による(指示)で日本国をブッ壊した。主犯が晋三総理。天の声。

安倍総理と渡辺容疑者は、同じ性格であり「指示犯罪」ですよ。(自民党政権はゴタゴタしても最後は一つにまとめて行っている)この豪語が大間違い。(指示)の勉強をせよ。
一、岸信介のA級戦犯の徴用工と私用の慰安婦、多様の重罪、被害者へ謝罪し賠償せよ。
二、安倍晋三首相「指示したことが重罪」モリカケ桜大重罪。赤木氏と国民に賠償せよ。
三、広域強盗殺人事件「指示した渡辺容疑者が主犯であり大重罪」。安倍晋三と渡辺容疑者は悪性格。(自公政権党が総理の悪指示を修正しないから、事件や犯罪が多発した)。
・(韓国の徴用工等の原告が求める謝罪と賠償を巡り、日本企業への謝罪と賠償を韓国財団に肩代わりさせて、1995年「村山富市首相談話を利用し」「痛切な反省」「お詫びの気持ち」を示し関係改善を目論んだ、自公党の姑息的政権者政策組織に日本国を任せるな)。

こんな下らない場当たり的な政策するな、**裏取引せず謝罪と賠償し関係改善し解決せよ。**

（北朝鮮は悪くない）、**岸政権党が罪を隠蔽した悪魔。**これまで一度も関係改善策を考えず威嚇をやり続けたロクデナシ政権。東京新聞・２０２３年1月29日、朝刊３面、**「お詫び談話」日本側が表明検討。**素直に罪を認め北朝鮮との諸問題関係改善し解決せよ。

天の声、**「現在のウクライナ戦争は、白人キリスト教と白人キリスト教の根幹戦争です。**

・ウクライナ戦争は宗教と宗教の戦争です。次元の低い獣人と獣人の戦争なのです。

・天と天は戦争しない。天神と天神は戦争しない。天人と天人も戦争しない。これまでに何度も教え続けたこと。**善なるキリストを殺害した、悪魔がキリスト教を作ったのだ。**何度も教え続けてきた。**現在のキリスト教には、善なるキリストとマリア様は存在していないから戦争しないでいられない。**ですから、**キリスト教とキリ**

スト教が戦争しているのがウクライナ戦争である。戦争する犬種作り屋が白人キリスト教。

ところが岸田政権外交は天の教えと真逆に白人キリスト教との訪問接近外交中。戦争中のウクライナに国民の税金を配り日本国民を苦しめてEUに足を運び接近して黄色人種（北朝鮮と中国）との分断外交は大きな間違い外交なのである」。（自由で広かれた、アジアインド太平洋、力による現状変更を許さない）との外交は過去に白人キリスト教がやった犯罪政策であり、すでに日米と中国の戦争が始まりました。

天と天は戦争しない。村山文学の総論理想の実現学が教えた。未来学には必須学問。日本も力で小さな島を埋め立てて領土にしたから中国と戦争するな、岸田首相。

被爆国の日本が先頭に立ち戦争を止めさせること必須。戦争続けたなら地球人類の破滅。ウクライナでの戦争は地球破壊ですから戦争を早期に止めさせよ。そうして早期に戦争しない議論をさせよ。これが日本国の務めであり日本の外交なのだ。

米国のポチ外交駄目、ペットの岸田外交は大間違い外交。今、世界をリードするのは戦争を止めさせられること。米国のポチになり切ったから頭脳だから正しく働かない。被爆国だからこそ自信持ち今だからこそ独自外交せよ、重要時期到来、強く国際

社会にアピールせよ。天の声。

これが被爆国の日本の務めであり姿なのだ。国際社会から評価される。喜ばれます。天の声を実行しないと、益々ニワトリがバタバタと死ぬ。この死は戦争の影響です。ウクライナで戦争中。核原発稼働中。日本の米軍基地が地下水や下水や小川まで汚染した。上空の大気を汚染させた。**【米軍は死のない別天天国を知らないで敵を作り戦争する白人キリスト教】だから本書を発刊して米国に戦争するなと教えているのです。**米国人が呼吸困難になってから本書を熟読しても遅い。**2004年発刊書**「日本丸はどこに行くのか」**68頁参照、博物館に沢山ありますから来館して熟読してください。**

地球はこれまで何度も爆発して**地球上の全ての人類が死んだ。天罰に華奢な米国は勝てない。**

白人は「大宇宙の別天天国に行く」を知らないから、心が汚い、姑息的、場当たり的だから戦争を繰り返した。米国には哲学ないから目先場当たり的なことだけの考えである。

毎年米国がハリケーンにやられているのに、防ぐこともできない無能の米国人である。

地球が爆発したなら隣のバナナに移動してすぐには住めないところです。**白人キリスト教の頭脳の数値では考えられない数値ですから、**隣のバナナには現在の**米白人キリスト教**の**精神では生活できないし、まず、行かれない。**

「大宇宙の別天天国に行く」楽天ある。

ここの地球の他にもう一つの地球があり人間が**死なない永遠の生活をしている世界ある。**

現在の地球の地獄に石油や石炭やダイヤモンドなどの宝石があります、現在の人間が欲しがる貴金属から宝石等は地獄にある。過去の動物の死骸が石油。樹木の死骸が石炭です。

現在の地球にある生物は大昔に活動した生き物の死骸。**天には死がない。天の作用があります。このことをアメリカに教えたのです。**（私が説明したことにアメリカが気づき心の改善を求む、修正しないから地球が何度も爆発を繰り返して人類滅亡した）。

ここで最後に教えたいこと。**白人キリスト教には、戦争する癖がある。エジプトの太陽信仰ではユダヤ人の階級は奴隷でした。**なんで奴隷だったのかをここで深く考えてください。

私は、ここまで教え続けた。この後のことを皆さんで深く考え楽しい生活をしてください。

戦争武器供与中の米国米軍の心と、ゼレンスキーの汚い心を読み悪に気づけば誰でも、正しい答えが出てくる。ロシア・プーチンもゼレンスキーも米大統領も悪なる獣人なのです。

・地球と別天天国との往復順路

地球から出発して大宇宙の別天天国に行く、往復順路を説明する。

（5図）の模型を再度ご覧ください。一つのバナナですが、内部を観察するために一部を切り開いた図です。

観察すると、上部の壁が二重になっていますね。二重でないとビックバンなどが発生すると暑すぎて生物が全部死んでしまうから二重壁に造ったのです。

概要を説明したから地球から、大宇宙の別天天国との往復順路の説明。（6図）参照。（イ）が二つありますがイは同じ機能道路ですから、イ道路として説明する。地球から大宇宙の別天天国に帰天する場合、イ道路が一番に良い高速道路。イ道路は光よりも早い優れた道路ですから一直線（4）一の天津高御産巣日大神の場所に到着すると、多くの天神たちがお迎えしてくださいます。手続きすると神界に行くことが出来ます。肉体は永遠です。年齢を設定してください。結婚したければすぐに結婚できる。本物の自由ある世界です。

天国に到着したから天神になる。祖国（地球に帰りたいなら光より早く帰れます。）詳しいこと、拙著「これしかない幸運への道」80頁、四、別天天国は第二段階から第六段階まである、熟読お願いします。拙著「大宇宙の別天天国に行く」２２２頁も参照。

拙著『これしかない幸運への道』85頁のこの図は、【2】と【6】の図を基にして宇宙道路と上部の中央の突起が物質を差し出している状況を説明した図である。

先ほど（イ）を説明した、他に（ロ）と（ハ）ある。**拙著「大宇宙の別天天国に行く」**２１５頁、【１】図をご覧ください。天津伊佐奈美大神界に行けば日時がかかりますが大宇宙の別天天国に行くことが出来ますからご安心ください。

別天天国に行くことを教えた**私の心**は**白人キリスト教の白人至上主義者の悪心に教えるためです。**

（６図）地球と別天天国との往復道路

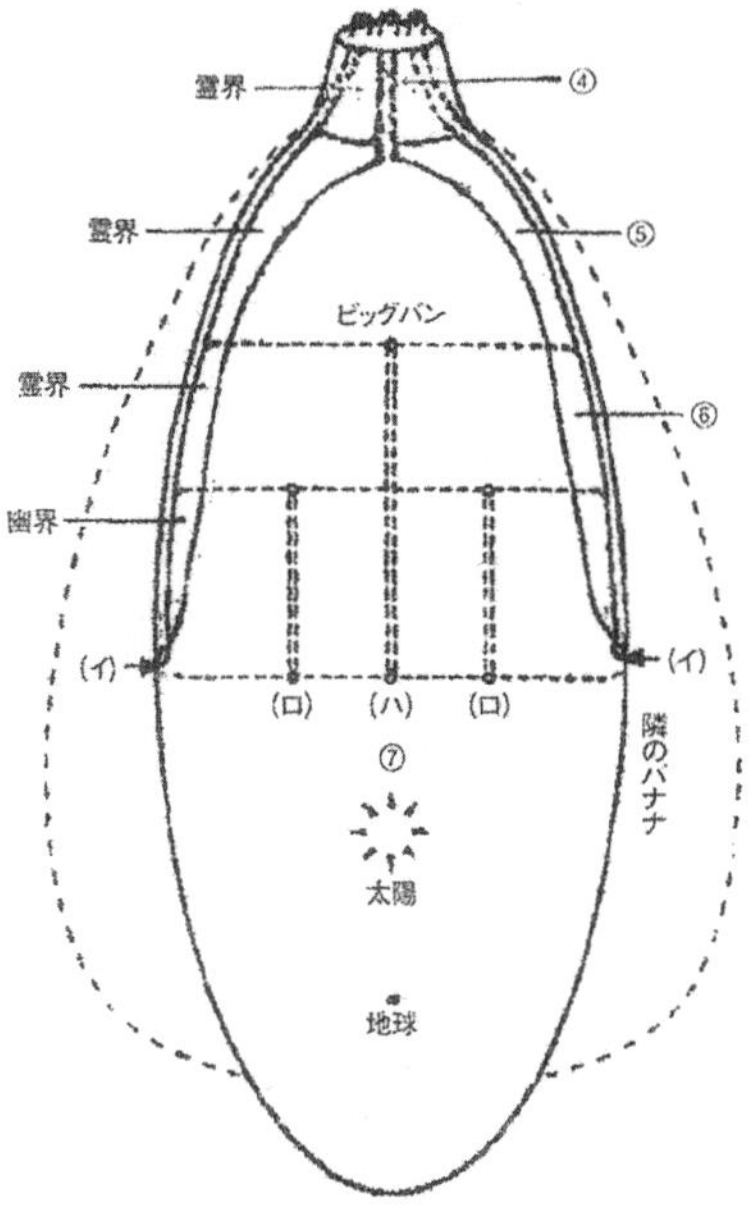

「敵を作り戦争する米国」この意味を分かってほしいから、**大宇宙の別天天国に行く方法を丁寧に教えたのです。**

一例で説明する。

現在ウクライナで戦争しています。私は十年前に予言していた。**拙著「精神の根源は宇宙天にあり」256頁参照。**ウクライナ戦争は白人米国による計画的犯行。**「アメリカはウクライナの財産を奪いとったからウクライナは再起不能なのだ」私は明確に記した。**

このことを分かりやすく記載した、**拙著「戦争しない道の自由の女神像」**です。分かりやすく説明しないと目を覚まさないから再度説明する。**去年発刊した新刊の内容を分かっていないから、再度本書で説明する。**

ＡＩ開発と戦争は同じ企みなのである。直近の話、電気料金高くなった。物価が高くなった。何から何まで高くてどこの国でも国民生活が困窮しています。

・総論理想の実現学を知らない米大統領の（悪指示）で地球崩壊する

私が先ほど、物価が高くなり国民生活困窮中。苦の真実の根幹を把握できない頭脳

だから戦争するのだと教えた。「制裁した」「戦争した」のも。米大統領の〈悪指示〉なのだ。

エネルギーが高くなり、すべての物価が高くなり困窮生活なのは〈米の悪指示〉なのだ。

「天の声、ウクライナ戦争して勝ちたい心理が獣根性なのだ「バカなのだ」地球で一番の大バカは、**〈アメリカ大統領の悪指示である〉。〈真実ある指示〉の学問を学びなさい。**

〈米大統領は他人の幸せを考えられない獣人。**わがまま、利己主義者が獣人だから戦争することしか知らない。戦争しない議論を知らないから戦争する。戦争しない議論できないから天から肉体死後に二度と這い上がれない地獄に落とされる。戦争しない議論せよ〉。**

獣人が自分主義者だから周りが見えないから、分からないから「**私が世界をリードする**」などと、突飛な**公約をする。**弁えられない、無責任な可哀そうな**米白人大統領。**

NATO、等の組織ある。日本は戦争屋の米の同盟国の「ポチ」。**白人キリスト教のポチになり紐で繋がれて、逃げることできない哀れは日本国。**

【特注一】〈自由で開かれた世界、アジアインド太平洋、力による現状変更を許さない)。このスローガンが戦争誘導。騙されるな。**悪策に同盟国が洗脳されたから戦争始まる。**

【米国は戦争屋】米国は常から戦争誘導国。米国は既に台湾と中国の戦争に加担した。

【特注二】拙著「**精神の根源は宇宙天にあり**」**256頁熟読ください。**「**ウクライナに米国が侵略戦争したから発刊したのだ。**ところが米が、ロシアがウクライナに侵略戦争したのだと正当化した。**プーチンが先にロシアに侵略戦争したのだと威嚇しているのです。**

ロシアとウクライナは親戚、友達も宗教も同じ文化。そこに付け込んで分断させて米国が戦争したのです。戦争が終結するとクライナ人は以前のほうが良かったと言います。

バイデン大統領が「ウクライナ人を再起不能にさせた」。【ロシアとウクライナの親戚の友情を引き裂いたのが米国であり米大統領**】【**米国には民主主義も自由も平和もありません**】**

【特注三】米白人大統領の経済制裁は間違い。政治家は天と国家の権力と財産を私物

化するな。米白人大統領がウクライナ戦争をさせて、ロシアを敵国にしてロシアに経済制裁したから世界中の物価が上昇したから、世界中の人類生活が困窮した。この制裁結果、ロシアの資源が減らないから、ロシアの将来は明るい。このことの現実の未来を読めないのが米国と同盟国なのである。**米国は欲張りの一人勝ちを狙ったアクドイ獣国家。物価を上げて同盟国の力を削いだ自分主義の国家。「ウクライナは再起不能」。【米白人バイデン大統領は経済制裁で地球人類の全ての人類を苦しめたから、天罰でバイデン大統領と忖度者を地獄の根幹像に落とす】**これが天の予言です。

拙著「精神の根源は宇宙天にあり」256頁を熟読すれば理解できる。

2013年11月、米バイデンはアルセニー・ヤツェニュクとの裏取引でウクライナが騙されて骨がなくなったからウクライナは**再起不能。**プーチンが悪でバイデンが良でなくて逆。ユダヤ人のゼレンスキー大統領になった時には**既に戦争を始めていた。**ウクライナを騙し分断させて支配してロシアに経済制裁したから戦争になった。**悪魔のバイデンが経済制裁したから地球人類の全てが物価高で生活困窮中。**村山文学の総論理想の実現学とは、本書（4図）「**大宇宙の別天天国図**」の全てが村山文学の総論**理想の実現学である。**天の代行者になると**天が質問すると何でも教えてくれるから分かる。（6図）**「大宇宙の別天天国に行くため」**地球と別天天国との往復順路**を記載した図です。ここからこの図を使い説明する。

最上部に三つの突起があります。このことをぜひ覚えてください。

中央にある突起の通路、天が元素・原子等をバナナの中に落とし地球等の惑星生物等を活性化している。その一つがビックバンです。アンドロメダ銀河は下のほうにあります。

二つある（イ）通路位置を説明する。（4図）大宇宙の別天天国図（総論理想の実現学）。天津高御産巣日大神界の位置。ここから進むのが、天津大気大神界を通り神界に進む。

先ほどから私が説明したこと、「**白人キリスト教は自分主義**」だから騙されないこと。

敵視化された北朝鮮と中国。中立国のインドは、ロシアから安いエネルギーを買ったから、収益が出て**コロナ禍の苦痛から**切り抜けた。鳥インフルエンザもコロナ禍も戦争の大気汚染。

白人キリスト教のアメリカ、自分主義国家「大宇宙の別天天国」から地獄まで支配できない。

「白人キリスト教は自分主義」自分に都合よければそれでよいのです。同盟国に戦争するように（指示）した。「日本はポチ」にさせられてなり切ってしまった。アメリカはウクライナに戦争する兵器を供与して戦争に負けないように指示して支援しているバカ国家です。

米白人キリスト教は「真実よりも自分自身の感情に寄り添う情報を得て他人の幸せを考えないで自分に都合よければそれでよい国家。米は敵を作り戦争する国家。」天の声。

（既存宗教と既存政党が悪魔だから他人を懲らしめて自分が豊かになる事だけを考えた一国主義の獣社会が米国）。現在の宗教と政権党が癒着した悪組織団体は日本国にいらない。

白人キリスト教は、自由、民主主義、人権、平和、繁栄等を主張し脅し騙すことが本職。

アメリカは、過去の犯罪を謝罪せずに棚に上げて知らぬが仏の無責任国家である。

「アメリカは敵を作らないと生きて行けない汚い悪癖のある戦争屋である。」ここまで説明したけど分からないのであれば、再度説明する。後で最後に地獄を説明する。人間は肉体が死亡しても終わりではない。悪人の死亡後に天が悪人を地獄に落としています。

この地獄の苦痛は永遠と続く。悪いことするな。修正すれば天は天に導く、天の声。

・地球のどこの国にもない、地獄の根幹像。天津会の博物館にある。米国は心が浅ましい。

・米白人キリスト教政権が敵を作り戦争し国民を苦痛にさせて脅して人間を殺してきた。

・米白人キリスト教政権者が悪宗教組織にお墨付きを与えて票を貰い政治家になれた。宗教は政権からのお墨付きを貰い悪宗教団体が信者を騙し金儲けて政治家を当選させています。

現在の地球人は、（1図）（2図）（3図）（4図）（5図）（6図）を見たことがありません。

世界中で宇宙科学者が研究開発しているが、地球の世界で村山政太郎が初めて天の立場で公開した。

地球人で、天の立場で私が初めて研究開発した大宇宙図絵を初めて公開した。

（１９９５年に発刊拙著）「聖なる神通力」24頁参照、全天界図を世界で初めて村山政太郎が公開した。１９８０年に宇宙天界図が出来上がっていた。

（１９９９年発刊拙著）「神秘な脳内革命」21頁参照。「別天天国図」を世界初の公開。「大宇宙の別天天国に行く」、新型の大宇宙絵図を沢山公開した。私・村山政太郎は天の立場で大宇宙の別天天国絵図を公開した。

村山斉氏は世界的に有名な宇宙科学者です。若人たちに大きな夢を与えてくれています。

私は天の立場での学問です。もちろん、自然・心理社会科学も得意な部門です。

キリスト教は地獄を知らない、落ちると二度と這い上がれない。

第三章

ウクライナ戦争はキリスト教の戦争

・「キリスト教には大宇宙の本物の天神が存在していない犬宗教」

ウクライナは再起不能、これは私の十年前の「予言的中」。拙著「精神の根源は宇宙天にあり」256頁参照。キリスト教とキリスト教の戦争。人間ではない、犬人と犬人が戦争に勝利するために戦争した。犬人と犬人の戦争。犬に洗脳された犬人同士の戦争。

この地球には沢山の宗教ありますが、大宇宙から地獄まで司っている本物の天神が存在していない。この本物の天神（ソムヌユルネ大神の存在がキリスト教には実在しない）。

「キリストを磔にしたのが犬人のキリスト教です」。この犬人たちが地球を支配して有利な生活をしたい一心の貧しい心の欲望でキリスト教と政治家が信者に戦争をさせています。

もう少し分かりやすく説明いたしましょう。

（この犬宗教のキリスト教は大きな組織を作り大きな組織を作った。この目的は政治家がキリスト教の組織票を頂き政治家になる。この政治家が犬宗教のキリスト教を利用し利用されて、お互いが他人よりも自分たちだけが有利な生活をするための戦争｛。信者がキリスト教の聖職者と政治家に洗脳されて騙されています。戦争して幸せな生活は不可能なのです。

ウクライナ戦争をバイデン副大統領が十年前にロシアに一方的に戦争するように挑発した戦争が現在のウクライナ戦争です。キリスト教同士で戦争をしているのが犬人です。

キリスト教の信者がキリスト教の犬宗教に洗脳されて戦争をさせられて生活しています。

「犬と犬の戦争」なのだ。ロシアがウクライナに核兵器を投下する。

米国がゼレンスキー大統領を戦争責任者にして殺害する。拙著「戦争しない自由の女神像」139頁参照、天の予言である。

「精神の根源は宇宙天にあり」121頁、256頁、再度熟読のこと、キリスト教も政治家も人間でなくて、人間の顔をした犬。犬だから核兵器で死なないと戦争を止められない。

ですから、村山文学の総論理想の実現学と各論の理想の実現学を教えた。これが必須。

天の気持ちを分かって頂くために本書を発刊した。バイデンに良心あるなら戦争を止められるが、犬です。戦争する空気を作り戦争する環境を作った。「思い、考え、欲望、恨み、脅し、挑発、戦争するスローガンを作った。希望、夢、仲間、実情、忖度、戦争する基地作り、兵器、武器、**威嚇戦争と経済制裁したのが犬のキリスト教とキリスト教の大統領**」。

こんなくだらないことをして何のために犬人が生きるのか？　悪いことだけはするな？

貴方の大切なものは何なのか教えて下さい？　貴方は何が欲しいのでしょうか？

大宇宙の別天天国があり人間が死なない永遠の世界ある。誰もが求めている世界ある。

【地球は誰もが豊かな生活できる場所です。諦めるな。戦争する（心）だから豊かになれない】。戦争するように操っているのが犬人です。天が犬人を地獄に落とすことにした。

これまで学んだことを復習しましょう。

ウクライナ戦争を引き起こした、ロシア・プーチン大統領も悪い人だが、それより悪いのが、アメリカ・バイデン大統領だと教えた。米白人キリスト教は自分主義であり、他人を幸せにする頭脳がない、戦い不幸にする頭脳しかない獣人。このことを教えたのです。

【中国の偵察気球】米バイデン大統領が威嚇非難し海に出た途端気球を戦闘機で撃墜。（2023年2月9日）【米白人キリスト教、自分主義。自分の犯罪を反省できない獣】修正せよ。気球が海に出てからブッ壊した。**一例、アメリカはこれまで人工衛星やサイバーなどで、大昔から中国や北朝鮮の軍事施設や動向まで偵察した写真を日本に送り届け非難し自分の悪を棚に上げて、しつこく経済制裁した。**このやり放題に**大罰を下すことにした。**

「このように米国は中国よりも早くから中国を敵国にして**中国よりも酷い偵察をしてきたのに、米国は自分たちの悪事を棚に上げて中国の偵察気球を一方的に非難した獣人」。**

「中国が飛ばして主権を侵害した」「中国はスパイ活動を活発化している」**撃墜した**

気球の情報を同盟国等数十か国と同盟国などと共有して連携して自衛行動を強化すると述べた。

【米国がこれまでやってきた偵察犯罪を棚に上げて。中国の気球偵察を悪として同盟国と共に共有して中国をやっつけるために一緒に戦うと、米ブリケン国務長官が公言した。

天の声　【米白人キリスト教は自分主義。自分の犯罪を反省できない獣】。心を修正せよ。

【米がロシアに経済制裁した】米は自分主義国家の獣だから経済制裁したのは他人の苦しみがわからない獣だからです。

天の声。いかなる獣人でも経済制裁してならぬ。経済制裁を「指示」した者を地獄に落とすことにしたから、ここでしっかり覚えてください。

ここで経済制裁の掟の天罰を簡単に説明する。

アメリカがロシアと北朝鮮に経済制裁したから同盟国のEU等と日本国の物価が上昇して国民生活が困窮中なのである。異常気象も、アメリカの自分主義の戦争と経済

制裁への天罰が同盟国への物価高であり二度と這い上がれない地獄に落ちる。この地獄の根幹像が天津会にあるから来会して地獄を肉眼で確認してください。このままの獣人なら地球は壊滅する。

アメリカが獣人だから気づけない。村山文学の総論理想の実現学がアメメリカにないから苦しみ続けることになる。このことに獣人だから気づけないから説明しているのです。

【米国が自分主義の一国主義だから経済制裁して、同盟国の国力を抜いているのです】

米の獣のバイデン大統領が戦争を吹っかけていたのです。ロシアとウクライナは親戚です。地形を考えてください。アメリカは自国の国内問題を解決できないのに、沢山戦争して、遠い国の戦争にも必ず横やりを入れて戦争してきた。そうして相手国の政権者を殺し続けてきた。これだから平和で豊かな社会にならない。だから天が**天罰を下すことにした。**

アメリカは地球を支配してきたから大宇宙の別天天国を知らないのです。米白人キ

リスト教でない、本物の大宇宙の天神を知らない、地球、月、火星、水星、木星、金星、土星等の星まで全てを規則正しく司ってくれている有難い天を知らないのです。
その有難い天の名前、ソムヌユルネ大神です、拙著「**戦争しない道の自由の女神像**」ご覧ください。わからないから、「総論理想の実現学」を知らないから戦争しているのです。

エジプトの太陽信仰には白人がいなかったこと、ユダヤ人は奴隷、突然変異したのが白人なのです。後で詳しく説明する。

【真実よりも米大統領は自分の感情で権力を使い（指示）し経済制裁して威嚇して敵を作り善悪の判断できない獣人だから戦争した】。このことを教え続けてきた。

米バイデン大統領が十年前に、ウクライナとロシアに対して分断し、経済制裁を（指示）して実行したこと。大犯罪なのだと天が教えた。法治国家だから（指示）しても罪にならない、人を殺していないから罪にならないと反発した。

天の声・政権者の「指示」が最悪であり大犯罪なのである。シッカリと覚えてください。

・A級戦犯岸信介が徴用工への謝罪しない祟り日本開運不能地獄へ

・岸信介、安倍首相、権力、安全保障、指示、支配、嘘を吐き騙した、金、強、勝・独裁、自分主義・・・このことを実現しているのが獣人である。ですから困窮する戦争をする。

【天の声、国連で戦争しない議論場局を設置して戦争しない議論をすれば戦争なくなる】。

拙著「**神秘な脳内革命**」の表紙の次の裏面をご覧ください

【日本は世界最古の神の発祥地です】このことを1999年に記載し教えた。

ソムヌユルネ大神の子孫が大昔に日本に初めて降臨したことがあったから、**一度だけ教えていたのです。**日米両国ともに未だにわかっていないから説明して教えているのです。

この地球は試しの生活であり試練生活。貴方様は何のために生きているのですか？

【A級戦犯の岸信介氏と孫の安倍晋三氏の政治犯罪への霊障の祟りある、安全保障、悪権力、悪指示、悪支配、嘘を吐き騙した、金、勝、勝、勝てないアホなのに口だけは強い獣人。アベノミクスも日銀も崩壊。自公政権を国民の手で崩壊させないと、日本丸が沈没する。もう一つ教える、アメリカのポチにならない同盟国になれ。近隣諸国と仲良くして新しい社会を作れ。平和構築には、第二次世界大戦のA級戦犯である岸信介の政治犯罪である徴用工問題を解決せよ。これが日本国の（がん病）なのだ、これを解決すればパァーっと社会が開く】。

【左記を解決しないと幸せになれない】謝罪・賠償せぬと天罰下る

（掟）【日本のA級戦犯・岸信介氏が戦犯者。日本国は閣議決定せず正直に謝罪して賠償しないと日本国に天罰下る。大地震、異常気象発生して日本国は再起不能になる。朝鮮半島に多大な迷惑と大被害を与えたから謝罪と賠償せよ。しないと天罰下る】。天の声。

・一の祟り、（掟）を解決せよ。

統一教会の政治犯罪、山上氏が安倍晋三元総理を殺害してくれたからわかった。人生困窮犠牲者の、生涯を取り返しできない惨めな被害者が埋もれていた。（掟）を解

決せよ。しないから、文鮮明氏が岸信介氏に「**集った**」のです。それが壺売りや高額物品の売り付けでした。それだけではなかった。岸信介の敷地の隣に統一教会を建造した。

岸信介が（**掟**）**を解決せよ。しないから統一教会に集られたから怖くなりお墨付きを与えました。これが政治と宗教の癒着である。文鮮明は反日派。今後を想像してください。**

・二の祟り（**掟**）を解決せよ。**無条件で天罰下らぬように謝罪・賠償を実行せよ。しないと、経済・財政・命・暮らし・財産・異常気象・天変地異の天罰下る。**

自公政権与党（**掟**）**を解決せよ。世界中の政治家の頭脳狂った。天の教えを実行しないと地球滅びる。**だから本書のサブタイトル「**天に逆らうと天罰下る**」なのだ、遅くない解決せよ。

韓国と北朝鮮の要求を飲めば解決する。大した要求ではない。要求してくれているのですから、ありがたい気持ちで交渉と議論して解決すれば幸せな世になる。

・佐藤ヒゲ隊長は子供の餓鬼ごと言うな、**テレビで見た。恥ずかしい極道者**【閣議決定して国と国とで決めた。韓国が纏まらないのが悪い。**こっちにはこっちの考えがある】**。

控えなさい、**政治家はこの程度の単純細胞頭脳。村山文学の総論理想の実現学を学べ。**

佐藤ヒゲ隊長の見苦しい写真。拙著「**がん免疫リンパ増殖手技術書**」**126頁をご覧ください。**佐藤氏の心が乱暴。精神が狂っている。この心だから戦争する危険人物。戦争の話しかできない狭い心。全体を考えられない人が防衛族なのだ。戦争しない議論できない獣人。この人に任せられますか？　今後のことを皆さんで考えて議論をしてください。

このままでは戦争なくならない。何のために戦争するのですか？　何のために地球で生きているのですか？　私は天の代行者です。私が考えていること、大宇宙の別天天国図のこと。総論理想の実現学のこと。この地球のノーベル学者でも、優れた科学者、化学者でも知らない、分からないことを天の代行者ですから分かるから教えているのです。

ですから、百年遅れている。一千年遅れているなどと私が喋っているのです。

・三の祟り（掟）を解決せよ。米国も北朝鮮に謝罪・賠償せぬと地獄に落とされる

アメリカは悪事を働きすぎた。地球はアメリカだけのものでない、アメリカは、**「権力」で「指示」して、地球を支配して儲ける。自分主義の一国主義なのだ。勝てばよい、金になればよい、地球をリードして戦争に勝てばよいだけの思想国家なのである。**

ですから天の代行者が、「戦争しない道の自由の女神像」の世界から「大宇宙の別天天国」に導いているのです。

アメリカは中国と北朝鮮を敵国にしないで、賠償して**（掟）を解決しなさい。天の指示。**

・四の祟り（掟）【米国はA級戦犯の岸信介氏に戦争しない教訓教えポチにすべきです】

【アメリカの大犯罪】。【アメリカが第二次世界大戦後に岸信介氏に多額の大金を与え**て米国のポチにさせたことが大犯罪です】**。このことを私が丁寧に教えないと獣人だから分わからないのです。

先ほどから何度も教えたこと、（掟）**を解決せよ**。岸信介氏が未だに償いをしていない。

A級戦犯の岸信介の心を改善させないでアメリカが一方的にポチにさせたのが大犯罪者なのである。米国はこれまで敵を作り戦争する獣人だから、天の声に一度も気づけなかった。

米国はこれまで敵国を作り戦争して勝つことばかり考えてきた馬鹿な国だったのです。


それぞれの人間には命も魂もある。「政権と宗教が結託・癒着したことが人間としての**最悪なる根幹の間違いなのである。このことを深く考えなければならない。**

政治家は、民主主義、自由、人権などと口では言うが、何も分かっていない自分主義。

山上氏の生い立ちを深く考えてください。一般の国民も先の戦争で苦しんだ。安倍晋三はノホホーン、と好き勝手に生きた獣人。山上氏は生きること、生活することが辛かった。

自公与党も国民も後世の未来まで深く考えられない獣脳なのです。一例、北方領土日、２０２３年2月7日、安倍晋三首相はロシアに３０００億円差し上げて、プーチンと27回会談した。国会開催すると犯罪が明らかになるから、プーチンと会談したのだ。プーチンは大金貰ったから27回会談しただけのこと、それだから北方四島の所有権を失っただけでなく、これまで日本国民が築いてきた。信用、功徳、運、幸運も大切な心の文化も歴史も一人の権力者にブッ壊されてしまった。

この日本人の心の中にある暖かい心を思いだしてください。元島民は、お墓参りも行けなくなった。晋三が昔からある国民の心豊かな精神を知らないからブッ壊したのです。

バカゲタ恩知らずの安倍首相のカラッポ頭脳には、国民全員の頭脳が参った。気づけなかった国民や財界の皆さんの頭脳までおかしくなったけど天が救い助ける。悪い首相ばかりだから伝染して日本国の幼児から青少年までおかしくなったけど救う。

第二次世界大戦の教訓知らない菅総理。何の勉強をして総理になったのか？　日本学術会議が推薦した学者を任命すればよかったのだ。場当たり的なことしか考えられない人は総理になるな。全体を知らない人は総理になるな。佐藤ヒゲ元隊長は議員になるな。

安全保障と威嚇して嘘を吐き騙して社会生活をブッ壊した、安倍晋三のように凄く威張った人をこれから総理にさせるな。

私は国民から選ばれたのだと威張り腐った政治家がいるが政治家と統一教会や創価学会（宗教）との利があり、利己主義の自分主義の獣人。国民の幸せを考えられない、全体の幸せを考えられない人は政治家にも総理にもなるな。

総理になりたいなら全てを知りつくして首相になれ。大宇宙には凄く広い別天天国があり総論理想の実現学があり、地球、月、火星、水星、木星、金星、土星等の星が沢山あり全部を正しく司っている、ソムヌユルネ大神が存在しているのです。アメリカが全体を支配しているのではありません。アメリカの政権者は地獄の神に取り憑かれていて、いちゃもん付けて敵を作り戦争して神の子を殺害して地獄に落ちているのです。

・安倍晋三と岸田文雄の結託「石破茂氏を落選させた」岸田文雄が総理に

大豪雨晩、広島、長崎、愛媛県の大豪雨、大阪地震の晩。住民が眠れぬ晩に「石破茂を落選させるため「酒宴の大宴会を開催した」。

拙著「免疫リンパ細胞若返り手技療法」102頁の写真をご覧ください。

一枚の写真を掲載したが複数の写真がありました。政治家には金がありすぎるからすぐに宴会等を開催できること。総理は今でも口癖に「国民の命と財産（暮らし）を守る」と言うが大嘘。「**大豪雨」で住民が眠れない夜に、石破茂をやっつけるためだけに夜、「国民の命と財産（暮らし）守らずに」、安倍晋三氏、岸田文雄氏たちが、「酒宴を開催して」徹底的に石破茂氏をやっつけた悪党が安倍晋三総理と忖度者たちが常習犯罪者である。**

現在でも石破茂氏を差別化して永遠に意識して、石破茂をやっつけています。

総理は国民の命と暮らしを守らず、安倍総理と岸田と河合の命と暮らしを守った。

自民党議員は、安倍晋三が、石破茂を徹底的にやっつけた力を忖度した変**貌した自公与党政権である。自分主義の異常な独裁者政権なのである。**

独裁者の証拠。二度も総理になったこと、二度も総理になりながら、二度とも総理の座を二度とも捨ててしまったことを皆さんもご存じだと思います。

それだけでない、二度も総理になり、二度も総理の座を捨てたのに、今度は**安倍派の会長になり、威張り腐って自民党を牛耳ったから、天に祟られて殺された。**

最終的には妻である昭恵夫人まで捨ててしまった。薄情な世捨て人が安倍晋三。アベノミクスの後始末を、政権自公党の責任実行を見守っています。

頭脳が薄いから、**5月に、G7が広島で開催すること**だけを目標にして数年間行政外交を行った、場当たり的な政策・外交。未来の政策考えられない自公政党政権。

岸田総理は全体を考えられない獣政権だから河合議員を当選させた罪が明らかになったこと。平和主義の地元議員を痛めつけ失職させたことを忘れた？　一**貫性の政策ゼロ**。

大阪地震。国民が眠れぬ夜に国民を蔑ろにして宴会を開催した。その中に**岸田の姿がある**。罪はそれだけでなく、**広島の岸田の先輩議員を失職させ、河合議員を当選させた獣人。河合夫婦議員は犯罪決定して牢屋に入り失職した。岸田と晋三は共謀罪で**

しょう？

自公政権に任せて日本国の発展繁栄あり得ますか？　日本をここまで堕落させた犯罪者は安倍晋三の地獄の亡霊を岸田総理継承したのでしょう？

気候温暖化？　海流の異常？　大気の異常？　これらは地獄からの亡霊の仕業なのです。

広島で河合議員を安倍総理と岸田議員が宣伝カーに乗り応援し当選させた姿の亡霊。亡霊が日本国の犯罪政権者です。このことを覚えてください。地獄の世になり下がった国。

岸田文雄総理大臣の政治犯罪を知っていますか？　戦争屋であり、**国葬**、国民の苦しみを蔑ろにした自分主義の悪心の岸田総理。次の総理、**石破茂総理の他に存在しない。**

悪魔と戦った人だからです。私の天の予言書が示しています。

統一教会のマインドコントロール（洗脳）も酷いが、この（**元祖**）が岸信介氏であり安倍元総理であり特に女性議員を**自由自在に洗脳**（マインドコントロール）**して遊**

んだ安倍晋三。

天は何でも知っている。もう一度、拙著「免疫リンパ細胞若返り手技療法」に記載した表紙を参照ください。「石破茂氏をやっつけた悪党」。安倍晋三元総理と岸田との企みを説明した拙著。「広島出身の議員を失職させた悪党」「罪の河合議員を当選させた悪党」。

「河合議員は違法であり裁判で罪が確定して失職した」。この主犯が安倍と岸田です。

・五年前の予言「統一教会の発生事件」。39頁、文鮮明と岸信介が襲った事件です。ついでに、102頁を参照ください。「石破茂氏をやっつけた悪魔の宴会写真を掲載した。

安倍晋三総理。国会で私や妻が関係したなら議員も総理も辞めるとの国会公約した現場の証拠写真、77頁に掲載した。安倍夫婦がいらない勅語小学校を作った罪。作ったから赤木氏に改ざんさせたのだ。自殺させたのが安倍総理夫婦であり完全犯罪である。電子書籍『悪事の反省ないから戦争する』をご覧ください。

日本の政治家は自分主義の悪党。ここまで説明したように政治家は悪魔。「国民の命と財産を守るとの公約」は、大嘘なのである。

ここまでに説明したことを説明する。

アメリカの、自分主義と利己主義を真似したバカな国家が日本国だったのです。

自分たちだけが良ければ他人も他国も苦しんでもそれでよい政治指導者を育成するな。

政治戦争とスポーツの勝敗は違う、スポーツの勝利にはルールがありルールを守り、ルールに従ってルールの判定によって勝利すれば喜ぶ。敗戦すれば反省して努力する。スポーツの戦い精神を**力政治家は学び努力をして国民のために働きなさい。ろくな仕事をしないで、頭から、スポーツ選手より偉いつもりになって、選手の人気を貰い、自分の人気度を上げようと企んでいるのが政治家である。**

これで**人気上昇しても、**それは**貪欲**であり一時**の満足**にすぎない、満足したとしても、この満足は一過程であり消滅して心の中が空洞化して精神が沈み憂鬱になり空しくなる。このように沈む心や精神**原因、利己主義**であり**自分主義**のわがままな**性格**の現われです。

アメリカはこの**性格**だから、すぐに空しくなり**威嚇**する。威嚇して相手に**経済制裁**をしているのです。気に食わない相手に勝つために威嚇して**敵を作り味方に兵器・武**

器を供与する。そうして世界中で戦争する。（この性格精神は感情で生きる単純な獣人の戦争）

この単能精神が感情戦争。他国や自国への米軍基地造り、獣人は戦争を止められない。

「日本国に米軍基地がある。水道水に利用した井戸水から、発がん性が疑われる有機フッ素化合物（ＰＦＡＳ）ピーファス検出された」。住民の血液検査で全体の六割以上が米国で健康被害の恐れあると定める指標を超えていた。ですから「地位協定」の見直しが必須です。

日本国で今、憲法九条に、自衛隊を書き込む憲法改憲が国会で大議論中です。その目的の理由。「国民の命と財産（暮らし）を守る」ため「憲法九条に自衛隊を書き込むと言う」。

右記、九条に自衛隊を書き込むことで「国民の命と財産（暮らし）を守るとの公約」政権党の自民党であるが、戦争してしまったなら「国民の命と財産を守れなくなるのは常識」。

「国民の命と財産を守れるのは、国連で戦争しない新しい議論をすれば戦争しなくなる常識」。

ですから、「戦争しない道の自由の女神像」を発刊した。国連で新しい戦争しない道を議論すれば、本当に国民の命と財産（暮らし）を守れます。人間としての、常識を覚えてください。

（アメリカは単細胞なのだ、銃社会であり獣・銃国家なのだ。常識を知らない国家です）。

・米国には世界最大の天罰あり爆発する王国・国家である。

本書を熟読して反省して悪事に謝罪して、賠償しなければならない時期に到来したから気づき自ら素直な気持ちになり改善して償わないと生きて行けなくなる国家になりました。

私の予言が的中してからでは遅い。今から、いかにすれば戦争しないで済むのかを心の奥底から深く考えてください。

【日本が敵国条項で集団的自衛権行使なら滅亡】拙著、2015年発刊「戦争語録忘れたか」200頁参照。2023年2月15日のJアラート。委縮。岸信介の亡霊の怨念が憲法改憲。

・田中角栄総理大臣を見習え、安倍晋三総理

列島改造、中国との国交正常化、オリンピックもあった。アベペが甲州街道を素足で走っていたのを私は肉眼で見た。

私は当時、建設業を営んでいたので物資が不足して値上がりをした体験をしている。セメントからボードやトイレットペーパーなども値上がりして経営が大変な時期がありました。

しかし、あの時、勢いがありました。

この現在のようなおかしな世の中。安倍晋三に嘘を吐かれて、挙句の果てに騙されて洗脳されて国会ではモリカケ桜の大事件が続出したのになんともない世の中がおかしい。

間違った政策沢山ある。アベノミクスもある。私はこの先の経済崩壊が心配なのだ。既得利権者の忖度者が安倍晋三を認めているのもおかしい。おかしいことを議論して直さないと世の中が良くなりません。

安倍晋三総理は国会を蔑ろにして外国に出かけた無責任なパフォーマンスの外交を見て評価をしていることがおかしい。二度も総理になり、二度も総理の座を好き勝手に放り投げてしまった。**まず国会議員が襟正しく、正しい人間の心に蘇れ、これがないと政治家でない。**

自公政権にこの重問題を聞きたい。これまでなかったこと。人間としての根幹問題。

政策に三千億円の大金を使い、戦争屋のロシア・プーチンと二十七回も会談して北方領土まで失った。（安倍晋三元総理の頭脳がスッカラカンであった、全てが悪政策の失敗）おかしいと思わないのですか？

自公政権が大昔から二島返還では駄目だ。四島返還でないとだめだと言って頑張っていたのに現在では当然のようにロシアと戦争している。戦争止めろ。それを評価しているのですから日本国がおかしくなった。このことに気づけないのも晋三の亡霊がおかしい。

安倍晋三総理の２０２１年開催のオリンピックもおかしい。エンブレムから電通か

ら博報堂も、関係者も談合だらけ、この問題、未だに解決していない。これも安倍晋三の無責任な薄っぺらな頭脳の、パフォーマンスなのです。私はこの失敗を十年前に予言した拙著「精神の根源は宇宙天にあり」１２１頁、２０２０東京オリンピック中止を予言し的中した。

この本に書いた内容、モリカケ桜等の大事件を検証せよ、検証すると、安倍晋三の人災事件の「２０１７年問題の人災犯罪が明らかになる」。（そのための拙著）。「検証して膿を出してください、膿を出さぬと天が天罰を下す」。（シッチャカメッチャカ国会自ら努力せよ）１２３頁ごらん下さい。

安倍晋三総理、遅くない、田中角栄総理大臣を見習え。そうして償え。

竹中平蔵の戦術は嘘付きの他との対峙させた政策でした、犯罪追及怖くなり逃げ去った。犬である。

第四章

悪戦乱者を天が地獄に落とす

・「戦争するメカニズム」と「戦争しないメカニズム」がある

（学問）村山文学を取り入れれば、「米白人には戦争するメカニズムしかない」。

「戦争しないメカニズムがない」ということは、人間の顔だが人間ではありません。ですから拙著「戦争しない道の自由の女神像」を発刊したのです。第一章・「米軍は戦争する獣・銃国家である」と明確に（獣を）記載した。

（獣）前書きの冒頭から、「人間とペットとの共存共栄でなくてまず人間を極めよ」記載して教えた。

人間が人間として生き抜くには、在上の者と交流すべきである。獣は獣です。獣は神の子ではありません。人間は別天天国に行くことができますが獣は行けません。ペット人間が獣に洗脳されたことなども記載してありますから熟読をお願いします。

米白人が戦争しないでいられないから、このことについて、これから説明する。

アメリカ人は一国主義の獣人。他国を分断して威嚇し問題に付け込み経済制裁して痛めつけ戦争し他国を再起不能にさせて富を奪い取り続けた。米を天が地獄に落とす

ことにした。

米国人は何のために生まれてきたのか？「**大宇宙の別天天国に行く**」、書で天を学べ。

獣人が獣に憑依され洗脳されたから戦争しているのです。

米白人の獣人の背中に獣が憑依して支配されているから戦争しないではいられない。

「**本物**の人間なら、戦争しない議論をするから戦争なくなる。獣人だから戦争しない道を考えられない。戦争は不幸であることを知らないのが**獣人**」です。

米白人は**獣人**ですから「**戦争しないメカニズム**」を知らないのです。

世界中の神社仏閣の神様が獣から護られているために、獣を排除すること不可能。ですから白人の**獣人が獣の指示に従い戦争させられているのです。**人間が**獣に洗脳**されたのです。

世界中の神社仏閣の鳥居をくぐると、両サイドに狛犬等が居る。境内の敷地に、お稲荷さんの狐末社等があります。要するに、獣から神社祭神が護られている身分なのである。

獣や獣人の悪霊に神社寺院の祭神が護られているのですから、獣や獣人霊に妨害されても、檀家や氏子や自分自身に災難を与えられても祓えません。ですから神社仏閣に祈願を依頼しても祓いも祈祷も不可能。獣霊は次元が低いから妨害されても祓いは不可能。ですから統合失調症や被害妄想者増加中、神隠しに遭い、取られた、無くした、隠された、不安心配症の病人が多発中。体調不良者も多い。ですから獣や獣人にお世話になるなと教えているのです。（低級霊の祟りの被害者が凄く多いから教えました）「困窮者を救出するために、「獣と獣人を祓う供養塔像」天が私に授けた。本書・第五章、熟読お願いします。

天津神が獣や獣人の（憑依霊）を（供養）しているのです。直接的には祓うことをしないが、本格的な供養をしますから、祓わなくとも綺麗に祓われます。このことを詳しく説明する、天津会の供養は、天から授かった『獣と獣人の罪を祓う供養塔像』に、霊障者の背中に憑依した不成仏霊を「移動させることが供養なのです、祓いではなくて、憑依者の背中から「獣と獣人の罪を祓う供養塔像」に移動させるのです。これが本格的な供養。憑依されていた不成仏霊が背中からなくなり、居なくなったから、祓われたと説明したのです。

天津会では不成仏霊を痛めることなく、いじめることもなく優しく供養しているから自然に祓われて幸せになり幸福なのです。

この供養法は地球のどこの国にもありません。この貴重な「獣と獣人の罪を祓う供養塔像は、地球のどこの国にもありません。

これも天の作用によって、特別に私が天から授かった貴重な宝物です。

「獣人に憑依された獣を祓うだけでなく、獣人に憑依した悪霊を「獣と獣人の罪を祓う供養塔像」に移してから、天が不成仏霊を天に導いてくれるから心身共にすっきりします。

（一般の霊能者や霊媒師は口寄せするだけですから。祓うことが不可能ですから。これまでは悪霊の霊障は一生背中憑依していたから色々のトラブルが発生していたのです）。

「戦争しない道の自由の女神像」第三章にて説明してありますから、ご覧ください。

これから「村山文学の総論理想の実現総論理想の実現学」を説明する。

取敢えず「**コンピューター**」を用いて**説明する。**

「総論理想の実現学」を説明する。「**大宇宙の別天天国に行く**」２１７頁をご覧ください。**下部に（総論理想の実現）**の文字がある。この絵は、大宇宙の別天天国から地獄まで表した（**総論理想の実現学の説明。全体の大宇宙の別天天国大絵図。全体大宇宙から見た大絵図**）

「**全ての全体の原理・知識を、魂・心が知りつくす**」ことを「**総論理想の実現学**」といい、

この「**総論理想の実現学**」の全ての学問を糧にして用いて**応用して議論することの学問を「各論理想の実現学」といいます。**

これまでの社会教育には「総論理想の実現学」がなくて、善悪の判断もなく、優先順位も考えずに、それぞれの感情で議論してきたから、これまでの「各論の議論」しても、一人一人の思いが通じない議論ばかりしてきたために、強い者の意見が通用していき人間関係がうまくいかずに、気まずい思いで生活してきました。

自分主義、自分主義の力ある者の意見ばかりが通ってきたから、勝・勝・勝つことばかりがまかり通った社会を構築してきた。これですから、戦いばかりで権力闘争ば

かりをやり続けたのである。ですから、心の時代が必要なのです。戦争しない議論が必要なのです。

戦争しない道を議論しましょう、と私が提案しても、議論をしたくないのです。

戦争する環境の空気を改善するために説明する。

村山文学の大宇宙の別天天国図（総論理想の実現学）を説明するから学んでください。

一例、「**戦争法案**」「**人権問題**」**など生死に関する大切な生命の大議論の説明。**このような大問題を解決するには、あらゆる面の全てを学び採用して議論しなければなりません。

歴史、体験、知識、原理、原則、法則などの全てを深く考えて、皆さんは人間としての根幹を知らないから、**【全てを知らないから戦争をしないでいられない癖になった】**。

村山文学は、凄く進化した「コンピューター」よりも優れている。大宇宙の別天天国図（総論理想の実現学）は全てを知った文学ですから戦争しない世界があるのです。

戦争に勝てる素晴らしい、本当に素晴らしいコンピューターよりも優れた素晴らしい**永遠の世界があり戦争しません。全てを知っている文学あるから戦争がないのです。**

現在ないけど、戦争しなくなる、戦争に勝てる、コンピューターがあることにする。

これから私が勧めて教えること、戦争しなくなる。戦争なくなる。から村山文学を学べ。

戦争しなくなる。村山文学の大宇宙の別天天国図と「総論理想の実現学」なのである。

本書第二章・（4図）大宇宙の別天天国図、（総論理想の実現学）戦争しなくなる学問。

この（4図）を、地球人が肉眼で見たことない「大宇宙の別天天国」と（総論理想の実現学）を勉強して学ぶと、**戦争しなくなる。戦争なくなる学問。**なのです。私は嘘を言わない。

私は、地球人には考えられないことをやっています。天の代行者です。天津神のソムヌユルネ大神と通信が取れて、話ができているのです。

一般人にはできない予言が的中しています。

一例として予言的中を公開する。１９９７年発刊「交神力」39頁、（醜いペルー日本大使公邸武力突入した）。ことに対して、私はフジモリ大統領を批判したとおりに、フジモリ元大統領は未だに収容されているのです。

ですから、「天に逆らうと天罰下る」。私は嘘を言っていません。

村山文学である、大宇宙の別天天国図（総論理想の実現学）には、最高のコンピュータでも足元にも及ばないが、人間が知っている全てを知っているから、コンピュータを取り上げて説明しました。

ケネディ、トランプ、バイデン米大統領、小泉純一郎、安倍晋三、菅義偉、岸田文雄総理たちは獣人だから「全てを知らないから戦争する」。獣人だから戦争しないと人間の命と財産を守れないとの思い込みなのです。そうして戦争する憲法と兵器と武器と莫大な戦争資金がないと抑止力にならないから戦争に勝てないとの思い込みが間違いなのです。

本書で勉強したから次の疑問を理解できたと思います。

・どうして戦争するのでしょうか？
・どうして戦争しなければならないのでしょうか？
・どうして戦争しない道を考えられないのでしょうか？
獣人ですから戦争したのです。全ての世の中を知らないからです。大宇宙の別天天国図（総論理想の実現学）を学び覚えれば戦争しなくなります。

米国は大宇宙の別天天国図（総論理想の実現学）を知らないからロシアに経済制裁した。

米国獣人の頭が悪いだけでなく詐欺国家なのだ。ＥＵと同盟国の物価を上昇させて困窮生活をさせた。北朝鮮と中国と中立国のインドはロシアの安い石油やガスを買っているから生活が成り立っています。米国は一国主義。自分が良ければ良い国家なのだ。計画的に物価を高くして同盟国の力を削いだ。このことの私の予言が的中した。日本と韓国が米との同盟国だから核兵器を持てないのだ。逆に北朝鮮の核によって日本と韓国は守られていることを深く考えなさい。未来への天の声、北の核によって米国が降参する。ですから拙著「小言ある家に不幸あり」２６４頁、天の代行者の私は、二十年前に次のように記載した。

「北の核をパキスタン・インド・中国並みに認めよ」と二十年前にアメリカに教えた。

私の予言通りに北の核を認めないと米国は核戦争すると天の祟りで米国は敗戦する。

「**天が悪魔**の米国に北の核を認めなさいと何度も教えた」。日本と韓国は米の同盟国だから**核兵器を持てません**。現在の**日本と韓国は北朝鮮の核に守られていることに気づける人間になりなさい**。（この哲学を君に質問する、深く考えて答えてください）

【村山文学は**全てを知った文学である**】。

「総論理想の実現学」を学べば、何から何まで分かるから、米国の悪事に騙されない。

【**北朝鮮は悪事を働いていない、悪事国が、米国、日本、韓国なのである**】。

これまで二十冊ほどの拙著を発刊した。内容を熟読していただければ、私は村山文学だけでなく自称、社会科学者であり、自然科学者であり地球を大切にして生きている人間です。

【これから悪いことをした政治家に対して天が天罰で地獄に落とすことにした】だから悪いことをするな。このこと重要ですから、これから、もっともっと詳しく説明する。

私や天がやっていることを地球人類の全ての人間が知らないからもっともっと沢山発信して拙著に書き残しますから熟読して学び戦争のない道を構築してください。

人間としての最も大事な心の根幹「総論理想の実現学」なのですから学んでください。

「総論理想の実現学」を用いて、意見を出し合って、各論を実行すれば、世の未来開く。

素敵な素晴らしい議論が可能になる。この可能になった学問を、村山文学の（総論理想の実現学）という。現在の議論は姑息的。行き当たりばったりの議論ばかりするな。

未来の幸せを考えた議論をしなさい。

権力による現状変更、偏った姑息的な曖昧な議論ばかりやっているから何一つとして成功しないし別天天国に帰天出来ないのです。

これから（優れた真実ある議論せよ。「魂」の総論理想の実現学を用いて議論しなさい）。

総論理想の実現学を詳しく説明すれば「全体を知らなければ総論理想の実現学とは言わない」。要するに、宇宙全体を知る必要がある。全体をシッカリ覚えて行政を行って下さい。

全体を覚えて心に入れて生活する、「常日頃から正しい生活し総論理想の実現学を学ぶ」。

「常日頃からこの正しい生き方をして総論理想の実現学を用い、各論理想の実現の議論していただければ全体を覚えられる。歴史・交渉・段取り・打ち合わせ・政治行政など、心からの議論をしてください、学べば闘争や戦争しない。すべての全体を知ると平和になれる。世界中の政権党が戦争するのは、総論理想の実現学がないから、知らないから戦争しているのです。いずれ村山文学の総論理想の実現学が必要になります」。

総論理想の実現学とは大宇宙の別天天国図（総論理想の実現学）の全てを知る必要がある。

優れた、コンピューター（AI）は、一般人が知っている全てを知っていますが、村山文学の「総論理想の実現学」を知らないから注意を促しているのです。地球人には「愛の本能あるが愛情がない、愛情ない者が（AI）を使うな、責任持てる人間になれ」なのだ。「陽光浴びた（AI）は事件発生の源。現在の戦争は政権者の無責任から発生しているが戦争」。

世界各国の政権者に、村山文学の総論理想の実現学を知らないから戦争しているのです。

『現在国会での議論、総論理想の実現学がないから、各論の議論だけだから戦争する』。

・総論理想の実現学ないから宇宙全体を知らない、各論だけの議論ですから次元が低い。

・宇宙全体を知らないから戦争する、米国は次元低い国だから経済制裁して戦争する。

「心や魂や頭脳に入っている原理・知識等や社会科学や自然科学も大宇宙の別天天国と繋がっていることをアメリカが知らないから経済制裁して戦争しているのです」。

このことを知らないから地球人に教える天神が、ソムヌユルネ大神のことも、天津旦音閲史父屁御神のことも知らない。「振魂」があることもアメリカは知らない。本物の神学も知らない。村山文学を学んで下さい。米白人キリスト教は進化ゼロの悪宗教なのです。

「宗教は信者を騙して政治家からお墨付けを貰って金儲けをして政治家に票を差し上

げて当選させているのが宗教。政治家の頭は当選すればよいだけの頭脳。政治家は権力を使い国民を操り悪なる戦争と経済を結び付け人民を操り命と財産（暮らし）を守るとの嘘の連発」に騙されるな。天神を知る必要ある。米大統領を信じている？　戦争好きなのか？

私はどなた様にも信じていただけるように深く考えてセミナーを開催しています。（私の主眼、すべてのことを、「信じる」「者」が「儲かる」まで指導しています）。

神の主眼術、予言、セミナー、天学術、テレパシー、天の作用、神性成就、光より早い。

【特に神通治療が有名、病院で患者のあらゆる数値を調べてから神通治療施術後に調べると驚きの良い数値】が出る。

なお施術後の寒気は体内に（がん）等の内臓炎症ある場合寒気発生するが複数回神通治療を施術すると難病でも膠原病でも改善されます。

この寒気の確認ができるようになったことで、病気の炎症を食い止めて平常で健康体に戻す働きあるのも神通治療の特徴です。

この他に、がん病には背中や横部に**塊がある**。この**塊**があるから**がん病**が発生したと、公言しても過言ではありません。それから**液状部**などもあります。

一例、豪雨、土砂崩れや地震や水害発生時に、モグラやネズミやナマズ等は事前に逃げてしまうから災害にあわない。ウクライナ戦争でも犬や狐の死は少ない。ペットやオオカミ等の霊を（キツネ）**が支配する。現在の人類を支配しているのが米国。この不平等を修正して平等に一人一人の豊かな平和社会生活構築を教えているのがソムヌユルネ大神である。**

・【気球を撃ち落とした米軍国は未来を考えられないバカ揃い】

前著「戦争しない道の自由の女神像」国連で**戦争しない議論すれば戦争しなくなる。**

戦争しなくなると、**生活に余裕できてゆったりとした生活になる。**

その時「**気球**」に乗り、しかも安価な**宇宙旅行**ができるようなります。現在の大宇宙の別天天国では、気球による世界旅行が行われています。

ところがアメリカの嘘の自由民主主義は知能の低い馬鹿揃い。未来を考えられない獣人だから中国を威嚇して喧嘩して**気球を米軍の戦闘機が撃ち落としてしまった。**戦争しなくなると生活が変わる。心が豊かになり精神がゆったりする。未来の宇宙旅行は**成層圏**、のんびりゆったりの全世界を眺めて楽しい頭脳文化になる。私は知っているから獣人と言ったのです。米国は実に**恥ずかしい。米国は原住民から奪い取った土地で暮らしているのです。中国は東シナの島を埋め立てただけです。**「米国が自由で開かれた社会を作らないで、力による現状を許さない」等と馬鹿ごとを言い、**力で牛耳っているのです。**

ドイツで米ブリンケン国務長官と2023年2月18日、中国王毅共産党政治局員と**気球についての威嚇。双方が非難しあった。米国は自分主義だから未来が見えない、ハリケーンも異常気象も自分主義の米国には何一つとして天の力を防ぐことができない無能国です。**

天の力を知らないアメリカが、一方的に未来に発展する気球を戦闘機で撃ち落とした。

ウクライナ戦争を最初にやったのはプーチンではない。アメリカ大統領のバイデン**大統領が十年前にウクライナ戦争をやったのです。そのツケが現在の戦争である。天**

の声。

・【ウクライナ戦争を米国が2013年に仕掛けた。プーチンではない】

予言、台湾戦争を仕掛けたのが米大統領。台湾戦争始まった。米国は悪魔の最悪人。米国は一つの中国だと認めています、それなのに十年前に米国がウクライナと同じに台湾を騙した。分断、支配、武器を売り、経済制裁。ウクライナ戦争の評価。米国良くて、プーチンが悪。これが異常。米国、英国、仏国、伊国、ポーランド等がウクライナに兵器武器、戦車、ドローン等を供与援助して当然なのだ。これとは真逆に、イラン・中国・北朝鮮がロシアに武器を供与すると米国等が大批判して経済制裁する。勝利しても平和を築けない。米国は姑息的、場当たり的な生き方。目先だけの生き方。これ人間ではない獣人。

２０２３年２月23日の天の声。台湾に米兵等のスパイが現在30人だが90人増員すると言う天の声を聞いた。【天に逆らうと天罰で地獄に落とす】ことになった。２０１３年に書いた拙著「精神の根源は宇宙天にあり」２５６頁をご覧ください。「ウクライナは再起不能なのだ」。世界中で一方的にプーチンを痛めつけたが、世界で一番に

悪いのが私物化人。

天の予言、ウクライナと同じ【台湾も再起不能】になる。私物化人が戦争を仕掛けた。

ウクライナのユダヤ人の**ゼレンスキー大統領**と同じ心の**台湾の**バカな女親分、が中国を敵国にした、そこに付け込んだのが、**米国による分断、半導体を奪うスパイ戦争なのだ。**


台湾政府の内部まで米スパイが侵入し分断。戦争する洗脳スローガン【自由で開かれた、アジアインド太平洋、力による現状変更を許さない】このスローガンに日本人が洗脳されたから戦場化になるから、**戦争しない道の自由の女神像書**を発刊した。**台湾戦争は既に始まった。**ミサイル発射も砲弾飛ばないが始まった。**台湾戦争は世界一の半導体戦争である。**

米国は口先が強い公言。民主主義も自由も平和もない。他国に少し問題があるとそこに付け込み痛めつける力が天下一品のスパイ活動をする。**嘘を吐き騙して、その国内部に侵入して分断させて他国の政府の根幹まで侵入し支配するのがアメリカの常習**

手段です。

この悪戦争犯罪を天が重要視しているのです。本物の戦争以前に戦争を始めています。

先ほど、**【台湾は再起不能】**だと教えたのは、**世界一の台湾の半導体を米国が奪い取るための戦争。**天の声。この地球生活は試練生活なのだ。天が貴方の心を試しているのです。

天がウクライナに十年前に教えた【再起不能】なのだと。（ウクライナと台湾にも教えた）。

ウクライナ**戦争**は十年前に始まった**再起不能。**それだけでなくて戦争が終わるとアメリカに領土奪われる**【米軍基地つくる】**から自由なくなる**【再起不能】**なのだ。**天が教えた。**ウクライナ人も台湾人も騙された。戦後、**米軍基地つくるから地下水が汚染して飲めなくなる。戦争が絶えなくなる。米国は戦争しないでいられない獣国家。**私は天の代行者だから無償で教えた。米には自由も平和もない獣国家なのである。わかりましたか？

ユダヤのゼレンスキー大統領は詐欺師、無償の兵器はない。甘い言葉に騙された国民。姑息的、場当たり的な人になるな、政権も国民も。これらの問題について昔から私が国内企業にも拙著を発刊して日本企業にも教え続けたが残念ながら騙されて富をアメリカに奪われてしまった。

三洋電機、シャープ、東芝、日立、など日本企業は駄目になった。台湾にも、**竹中平蔵**のような人がいた。これが**スパイ**なのだ。**アメリカには自由も平和もありません。あるのは一国主義と自分主義だけなのである。**それだけでなくて戦争屋の兵器商人なのです。

日本の以前には夢があった、小保方さんの顔が浮かびます。素晴らしい発明であり、テレビの映像を見た。エプロン姿が頭に浮かびます。早稲田大学出身の格付けまで奪った。日本政府も一国主義の米もおかしい。ポチになるのもおかしい。既に特許まで米に取られてしまった。

現在のウクライナ戦争は、プーチンが悪く、米国が正しいテレビの報道ばかりもおかしい。立派だと言われている大学教授、軍事評論家、一般人の知識人もロシアが悪くてアメリカが良心である報道が間違い。**常日頃の正しい生き方が最重要なのです。そうして広くて大きな心が必要なのです。**悪魔の獣人は**平和**を作れない、平和を作る

には戦争しない道の議論をすれば戦争がなくなります。

バイデンはウクライナに電撃訪問2月20日は初代大統領ワシントンの誕生日です。**バイデンはウクライナに電撃訪問したのは、**浅ましい心理がパフォーマンス**は人気取り。**

戦争しない道の議論をするわけでもなくて。戦争継続と兵器供与だけでウクライナに出かけたのです。

この天罰、**有毒な塩化ビニールガスを積んだ列車五両が脱線したから人為的に危険を防ぐために燃やしたが、周辺住民は健康に被害出るからと避難したのですが即に魚類や動物が死んだ。人間は避難したが健康被害の懸念が強く心配されています。**獣人には分からない。

これは米オハイオ州イーストバレスタインでの事故ですが、日本国内の米軍基地、横田、厚木、沖縄、岩国、青森の米軍基地による、**被害**が近くの小川の被害から、地下水まで汚染されたから飲むことができません。**アメリカは一国主義の平和のない悪魔の根幹者。**

事件が発生しないと分からないのですから恐ろしい世を作ったのが米国。アメリカは世界一の悪魔の国家なのである。

ですから天の代行者の私が【国連で戦争しない道の議論】しなさいと教えているのです。

拙著「戦争しない道の自由の女神像」熟読お願い申し上げているのです。未来を考えればアメリカはもったいないことをしているのです。私は天の代行者として教えました。天の言葉の意味の内容わかりましたか？

・仏教に次の言葉がある、冥土、浄土、彼岸、曼陀羅だけ。天国も別天天国図もない。

・白人キリスト教は獣集団、キリストを磔、そうして殺した。殺した人が作った宗教が戦争する、白人キリスト教なのです。戦争する宗教だから健やかな平和は構築不可能。

【アメリカには自分主義があり未来を深く考えられる頭脳ゼロ。他国や他人が未来の宝物授かったなら奪い取り自国のものにしてきた詐欺国家。今回の気球は未来型の素晴らしい気球。大宇宙ではゆったりのんびり旅行を楽しんでいる】。全ての悪偵察国が米国、弁《わきま》えろ。

大宇宙の別天天国は光より早い、遅くゆったりもある、寛ぐ社会であります。

獣人の米国だから戦争を止められない、平和を求めずに戦争したのがウクライナ戦争。

・【精神の根源は宇宙天にあり】２５６頁参照、ウクライナ戦争を引き起こしたのがロシアでなく、米国なのだ。これくらい分かる人間になってください。私の予言を悟れる米国民になれ。戦争してから考えるのでなくて戦争する前に気づける人間になってください。

・【交神力】39頁参照、悪事働くと二度と這い上がれない「地獄の根幹像に天が落とす」。

フジモリ元大統領の酷い日本大使公邸武力突入し殺害した罪の祟りで地獄に落ちた。元フジモリ大統領を天が地獄に落とした。現在収容所に隔離されています。

・安倍晋三元総理、拙著「戦争しない道の自由の女神像」１２３頁、モリカケ桜等の犯罪、赤木氏自殺の祟り、下の複数頁を検索すると天罰確認可能。安倍総理の死は天罰である。

山上氏が安倍晋三元首相を殺害してくれたから少し、統一教会と安倍派との癒着が少し見えるようになった。

安倍晋三元総理が凄く多くの犯罪に関わっていたから少し見えるようになった。

本書・第二章の（2図）の写真像は地獄の根幹像。この地獄に天が落とした写真です。

私が天の代行者として安倍晋三を二度と這い上がれない地獄像に私が落とした図です。

2021年11月29日、天が安倍晋三元総理に天罰を下して地獄に落とした写真です。

安倍晋三氏の死、2022年7月8日。これだけでなく余りにも政治家の犯罪が多すぎるから天は遠慮なくこれから天罰で二度と這い上がれない地獄に落とすことにした。

天はこれから悪人を地獄に落とすことにした。

次頁から天から授かった世界初の【地獄の根幹像】の写真を掲載する。

3

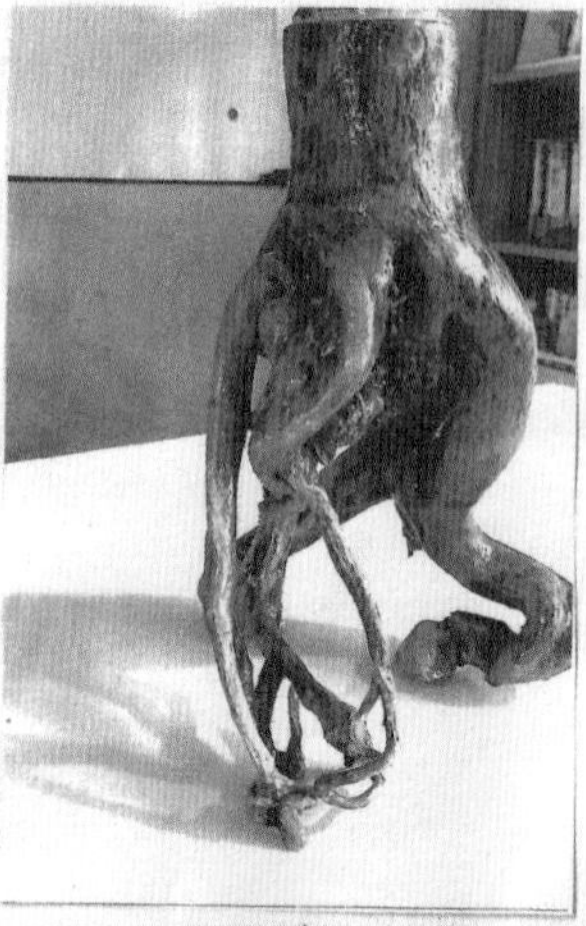

1

4

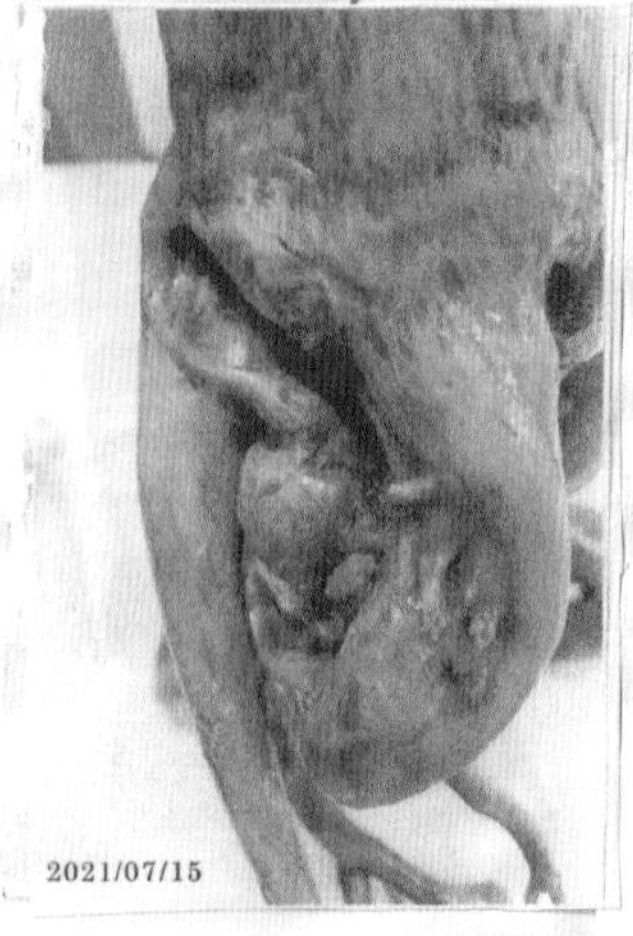

2

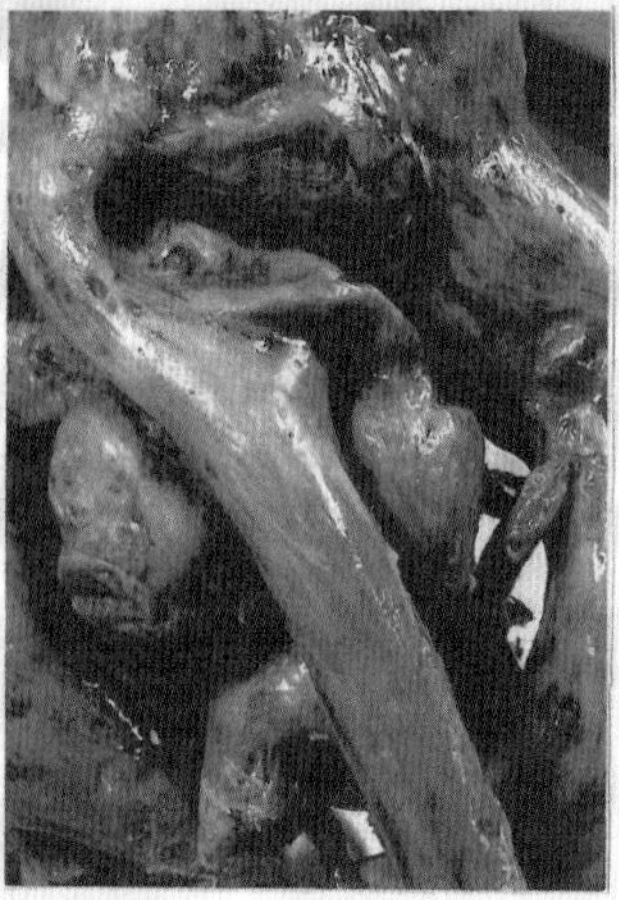

7

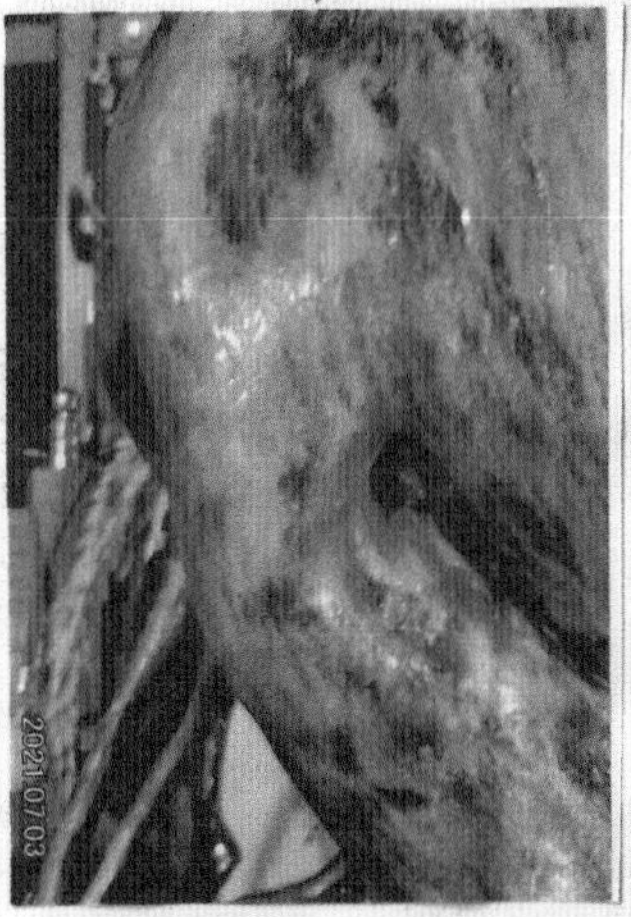

5

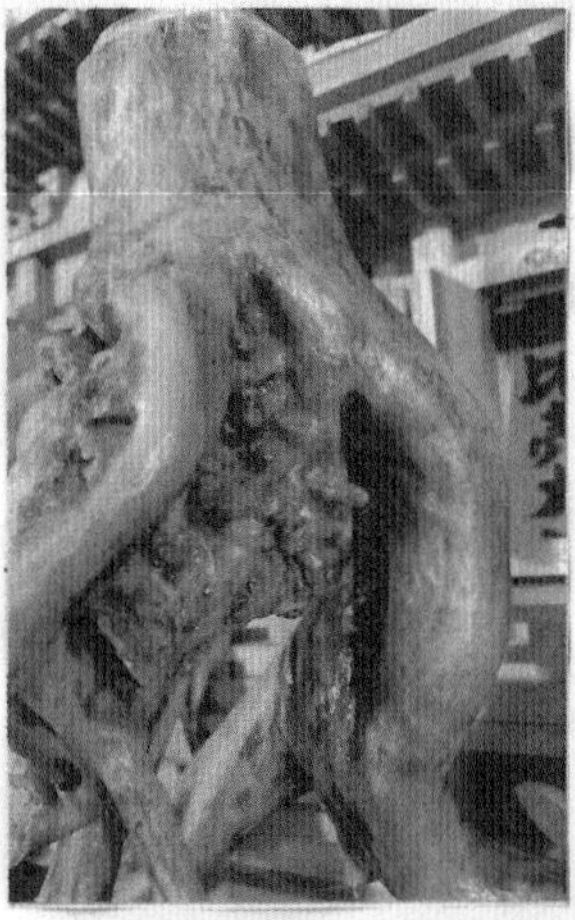

8

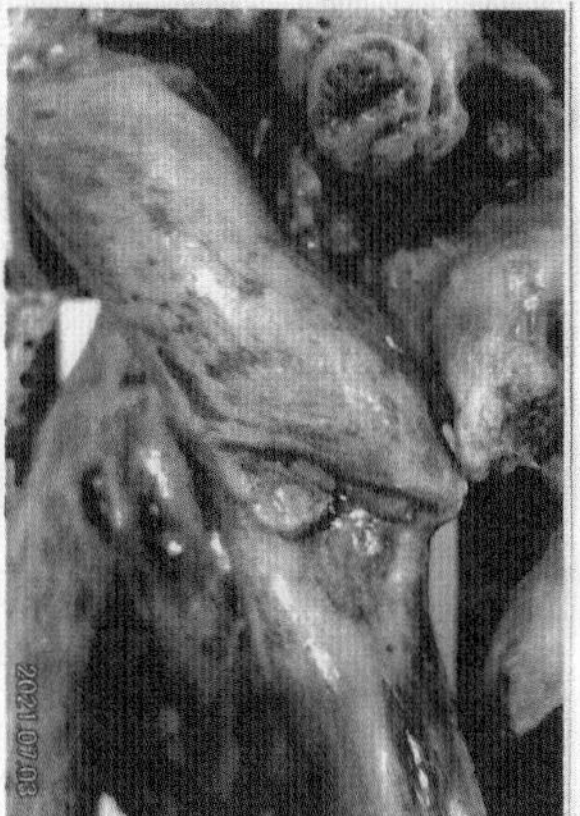

6

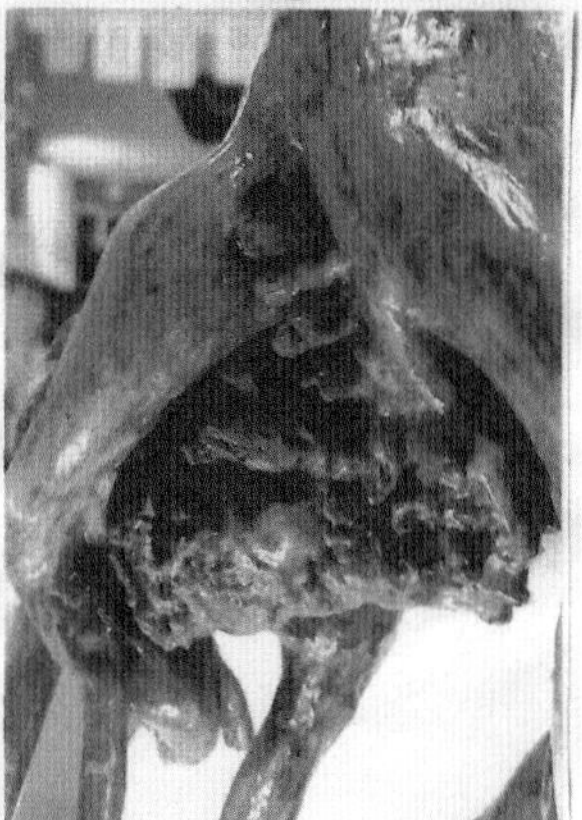

11

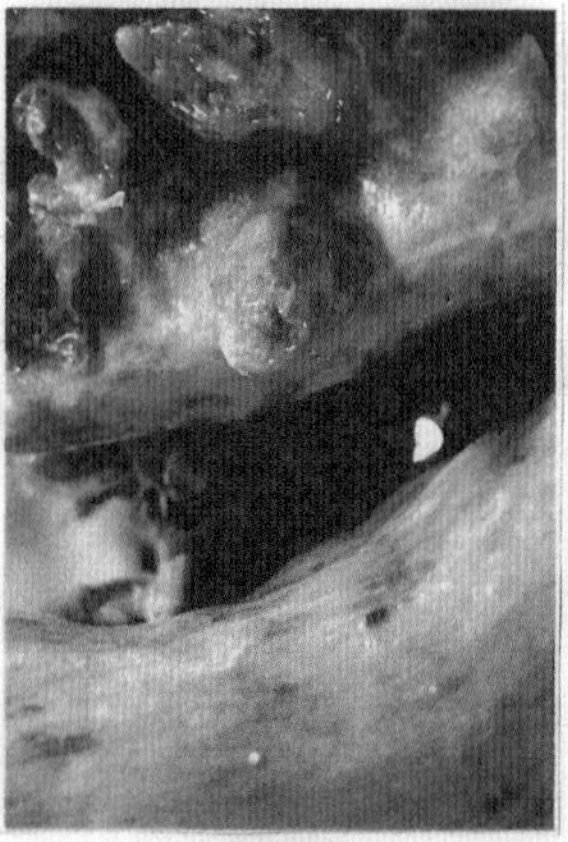

9

12

10

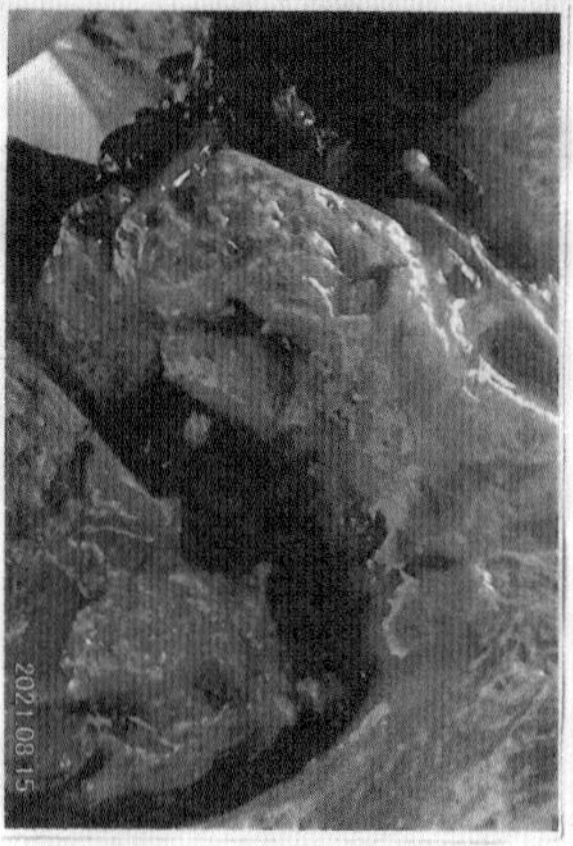

15

13

16

14

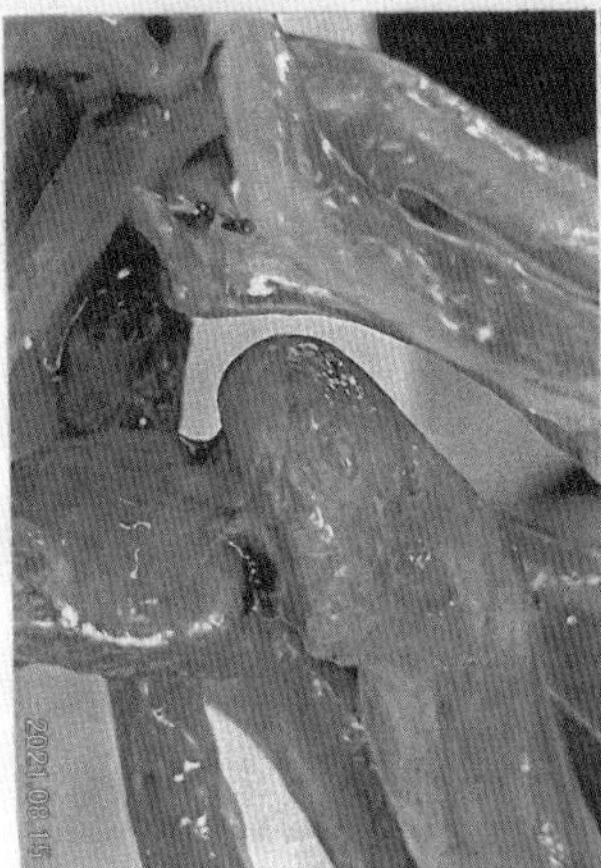

地獄の根幹像の姿の写真を説明する。天の作用の写真ですから現物とは違う

写真提供者の氏名を記載した。写真を見ると色々に見えるので想像してください。

1、村山敬氏写真提供。2、村山洋子氏提供。3、大野恵慶氏の提供写真。
4、駒走美代子氏提供。5、今野正明氏提供。6、村山清雄氏写真提供。
7、岸郁子氏提供。お尻が天の作用で自動的に動く。8、高橋博之氏提供。
9、窪内真宏氏提供。10、加藤直道氏提供。11、富樫達夫氏写真提供。
12、大野祐俊氏提供。13、前澤紀子氏提供。14、森安一氏写真提供。
15、高橋順子氏提供。16、富樫秀夫氏提供写真。

この地獄の根幹像を制作したのは人間ではありません。30年前に鉢に植えた榊です。榊が土の中で育った**根**なのです。（天が私に授けた宝物です）この**地獄の根幹像**を人間の技術では加工できません。人間では作れない**地獄の根幹像**。

私は五十年前から、西洋医学で治せない病気、心、精神に関した、うつ病、被害妄想、不安心配性などを改善。第一日曜日、第三日曜日、月二回のセミナーに参加していただいた後に**予約してください。その後に、神通治療で施術して健康に改善中です。神通治療とは天の作用によって病気などを改善させている療法です。**

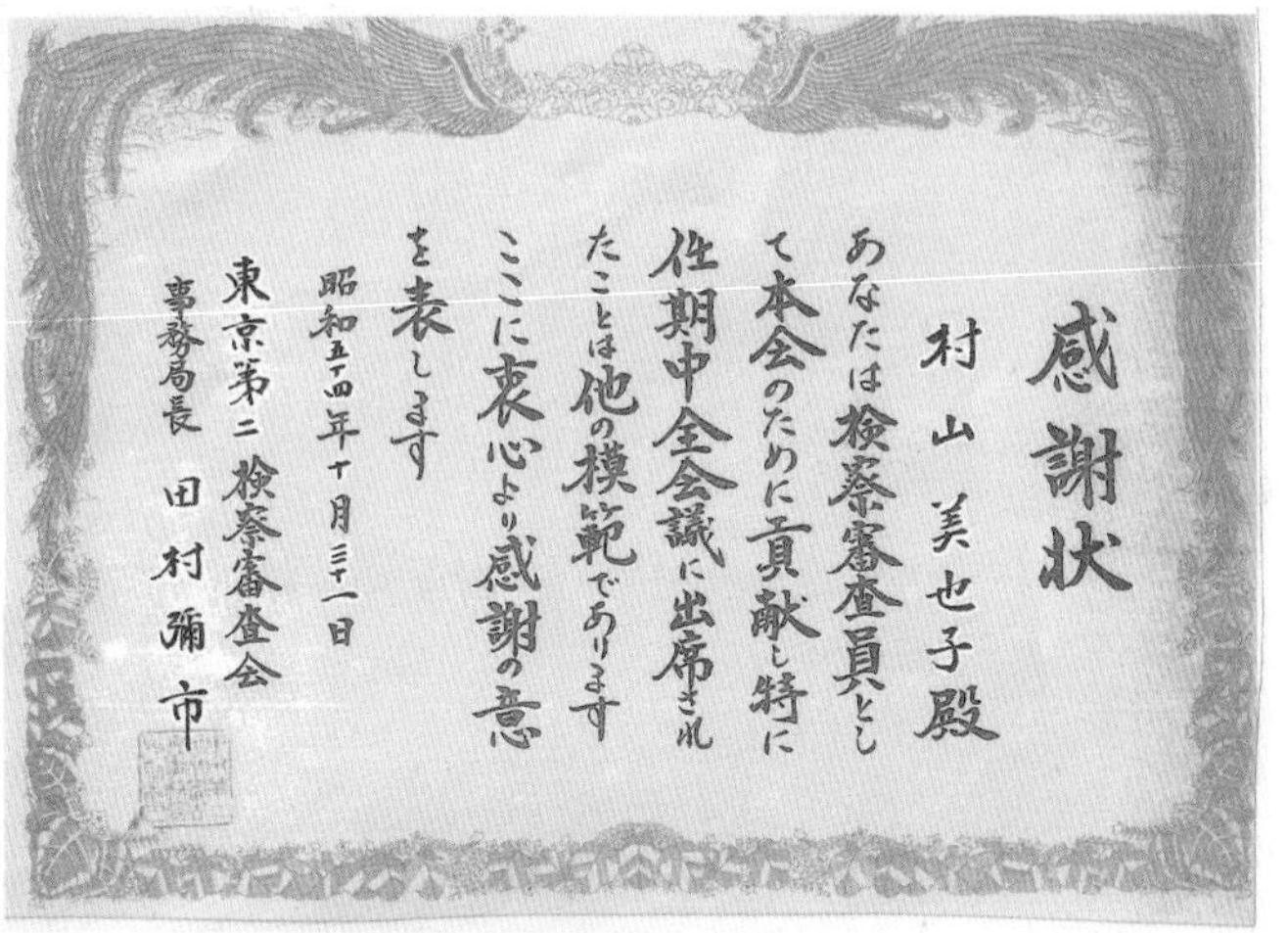

感謝状

村山美也子殿

あなたは検察審査員として本会のために貢献し特に任期中全会議に出席されたことは他の模範でありますここに衷心より感謝の意を表します

昭和五十四年十月三十一日

東京第二検察審査会

事務局長　田村彌市

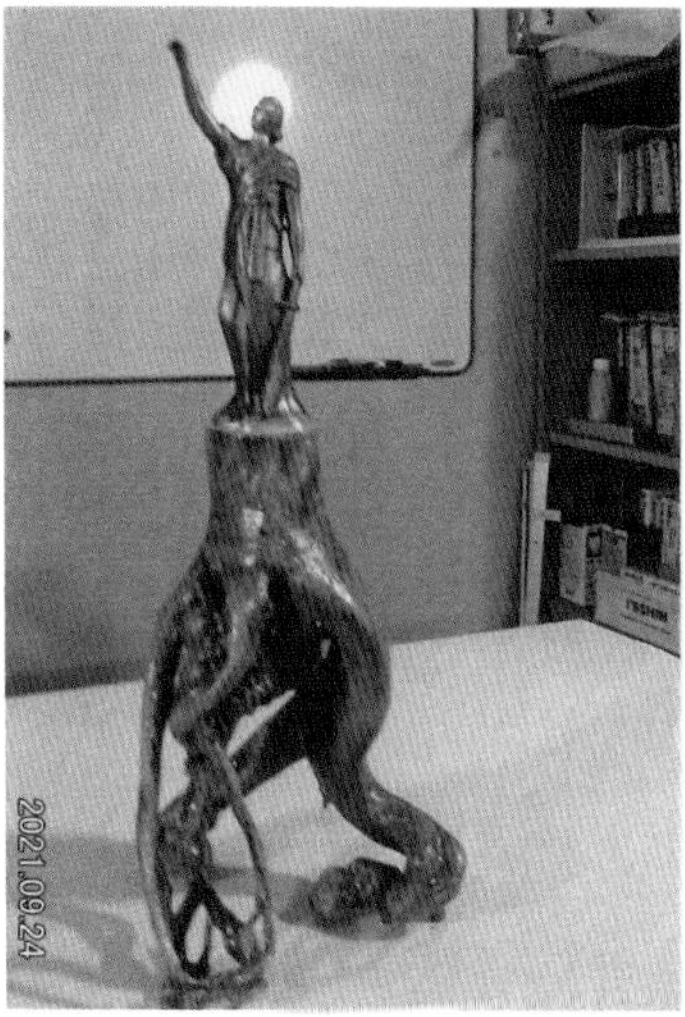

【地獄の根幹像】は土の中にあり、天が作り、天が授けた宝物。悪人を地獄に落とす。・正義の女神。この女神は裁判の象徴とされている。天秤は事の正、不正を判断する働きを、目隠しは公平無私の心を、剣は裁判を執行する力を表しています。第二検察審査会。　新田純三氏写真提供

・２０１４発刊「精神の根幹は宇宙天にあり」２５６頁「ウクライナは再起不能」的中。

１２１頁参照、東京オリンピック開催中止予言的中。電通、高橋逮捕。延々と逮捕続く。

私が予言したのは、自公政権が余りにも悪事を働きすぎた罰。それにA級戦犯の岸信介氏が罪の反省も謝罪も賠償もしないから天から祟られたから、**ブラックホールが現れた。**

・拙著「**戦争しない道の自由の女神像**」を「大宇宙の別天天国に行く」を発刊した。77頁、地球のブラックホール。地獄の根幹像の写真。天が造った**地獄の根幹像**。

１０３頁参照、上部がブラックホール、下部が地球であり**地獄の中にダイヤモンド等の宝石など、石油も石炭も沢山ある。**私は天の代行者として人が出来ないことをやってきました。天の代行者でないと分からないことが沢山あります。

私は八十歳をすぎましたので、何のためにこの地球に生まれたのかを教えてあげたい。

悪事を働くと、地球のブラックホール（**地獄の根幹像**）に吸い取られるように、二度と這い上がれなくなる**地獄に落ちてしまうのです。ですから悪いことをしないでく**

ださい。

悪事を働いた獣人が安倍晋三・ブッシュ大統領。ですから私は悪いことをするなと教えてきました。悪いことをしたからアホな昭恵夫人が不幸になった。**安倍晋三は爆発した地獄に落ちた。**地球のブラックホール（地獄の根幹像）に**落ちた。地獄に**石油や金や石炭やダイヤモンド等がある。ここまで説明したから何とかわかる気持ちになれるでしょう？

「地球のブラックホール」下部の中（地獄の根幹像）。拙著「戦争しない道の自由の女神像」77頁参照、下部が地獄の根幹像。本書の丸い地球の中に地獄の根幹像ある。次頁、ノーベル物理学者の、ロジャー・ベンローズ氏の落ちると出られないブラックホールある。

市民権得た証明

しまったのがブラックホールだ。

アインシュタイン方程式は解くのが難しく、いまでも厳密解は少ない。彼の論文のわずか2カ月後、第1次大戦中にドイツ軍のロシア前線で従軍中のシュワルツシルトが最初の厳密解を見つけた。これがブラックホールの理論的発見となった。残念ながら彼はその4カ月後、病気で亡くなった。

しかしアインシュタイン自身、自分の方程式の解であるブラックホールを信じなかった。何者も出てこられないだけでなく、中心には底が抜けた「特異点」があり、時空が無限にひずんでいる。シュワルツシルト解は理想的な条件で求められたもので、方程式の解としてはあっても現実には起きない、とアインシュタインは考えた。実際、多くの物理学者は懐疑的だった。

ペンローズ氏はこうした仮定をしなくても、星が潰れてブラックホールができ、特異点はあることを証明した。ブラックホールが市民権を得たのだ。

とはいえ今でもブラックホールは謎が多く、「ありえない」と主張する物理学者もいる。だが存在を証明するため中に入るのはお勧めできない。「あったよ！」というメッセージも出てこないのだから。

（素粒子物理学者）

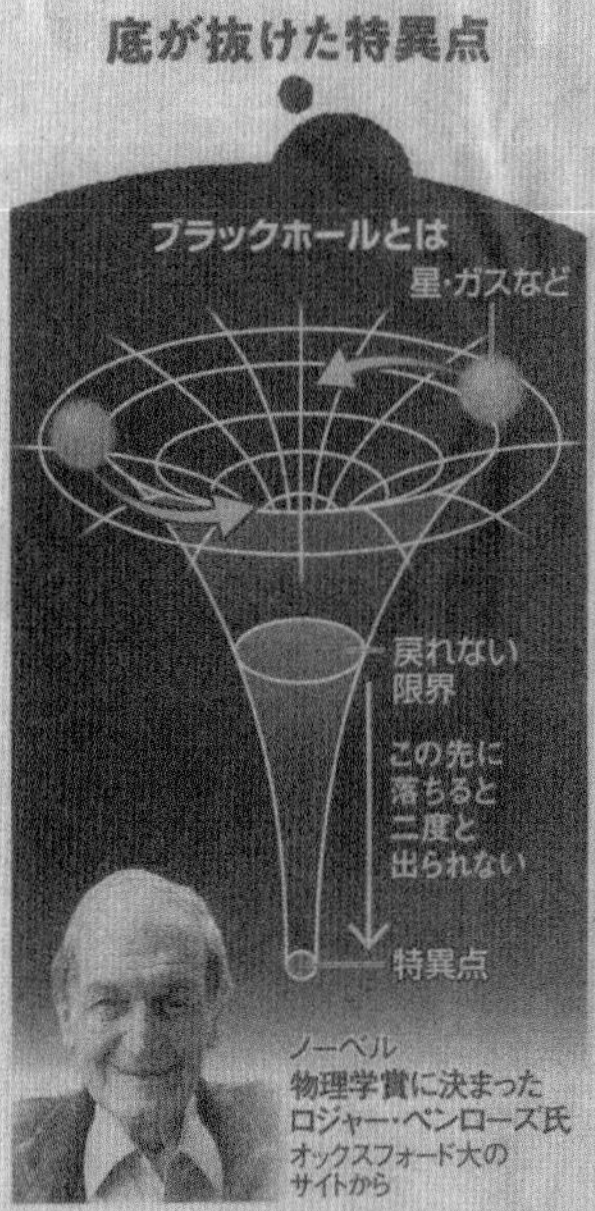

ノーベル物理学賞に決まったロジャー・ペンローズ氏
オックスフォード大のサイトから

◇「村山斉の時空自在」「星の林に―ピーター・マクミランの詩歌翻遊」を隔週で掲載します。

ノーベル物理学賞に決まった、ロジャー・ペンローズ氏のブラックホール。

2020年6月「大宇宙の別天天国に行く」書を発刊した。266頁参照「コロナウイルスよりも危ないゴミ人間の晋三総理は、日本にいらない」と予言した、山上氏が安倍晋三元総理を暗殺できたのは作用であり天が晋三氏を殺しました。

2014年「精神の根源は宇宙天にあり」122頁、統一教会もモリカケ桜も【2017年問題】。「免疫リンパ若返り手技療法」39頁。統一教会・文鮮明。下村・萩生田・加計孝太郎・安倍晋三主犯「2017年問題」凄くデッカイ大事件を検証せよ。

(一)、121頁、2020年の東京オリンピックは中止・見事に的中、詐欺犯罪続出中。

(二)、256頁、アメリカによるウクライナは再起不能国家。米国は平和構築不可能国家。

(三)、先ほどから何度も「地獄の根幹像で説明した、この像を作ったのは人間でなく「天が作った地獄の根幹像」。257頁。世界が認めた「宗教美術画」などがありますが、神は作っていない。人間が作ったものです。これまでの「宗教美術画や宗教写真画」を人間が作り、人間が作ったものを、人間が評価してきた。これから説明する像、**「悪支配者が行く地獄の根幹像」**を天が作り、私が地中から掘り起こした。天**の作品なのです。**

地中にあった時の地獄の根幹像を紹介する。悪支配者が吸い取られたように地獄の根幹像に落ちています。祖父岸信介元総理・安倍晋三元総理も独裁者であり地獄を知らない情けない気の毒な獣人なのです。

安倍晋三元首相も岸信介も統一教会とべったり癒着していた。今回明らかになった原因、天の作用により、山上氏が安倍元総理を殺害してくれたのは、天罰による世直しなのです。信介が朝鮮から渡来する以前に先祖が朝鮮半島で悪事働いた祟りが文鮮明とのお付き合いの始まり。獣人だから一貫性がない。辻褄が合わない自分主義のアホ独裁者で

す。

現物の地獄の根幹像をご覧ください。地獄の根幹像の中に、八岐大蛇、(大蛇が沢山いる)。生贄、大蛇が赤ちゃんの血を吸っている姿ある。大昔、須佐之男大神が、ヤマタノオロチを退治してくれたから、この世があることを思い出してください。

地獄の根幹像

2021年11月、講談社の吉村氏に渡した原稿。
私は安倍晋三元首相の天罰を予言した。

晋三が行く地獄の根幹像。生贄現場。胸部の悪魔を深く観察。

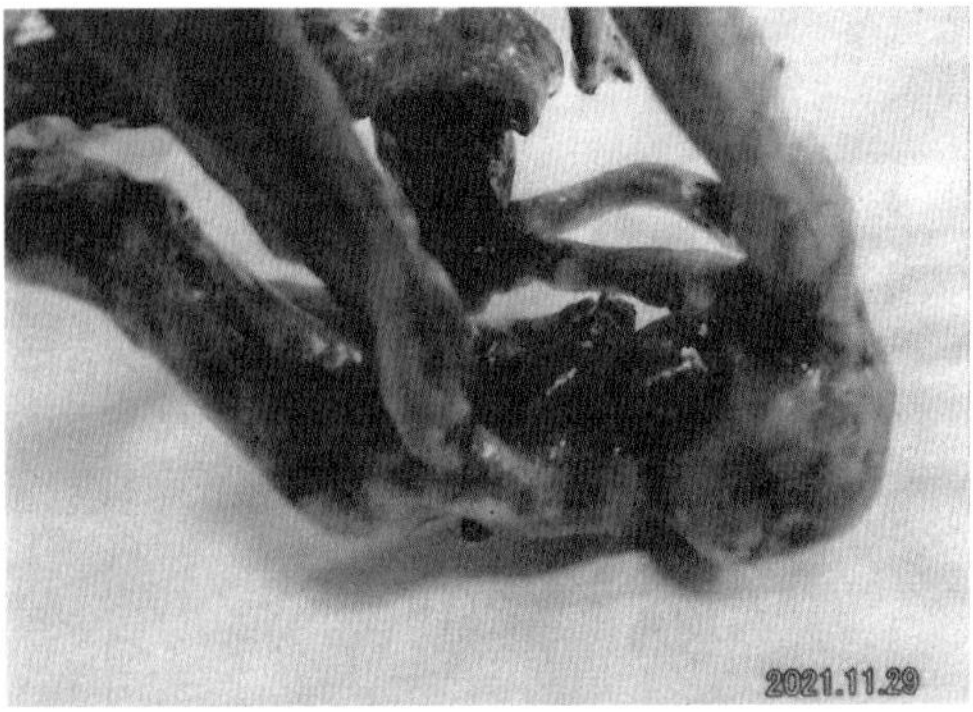

下向きの赤ちゃんの顔を確認してから本書をご覧ください。

悪支配者行く地獄の根幹像

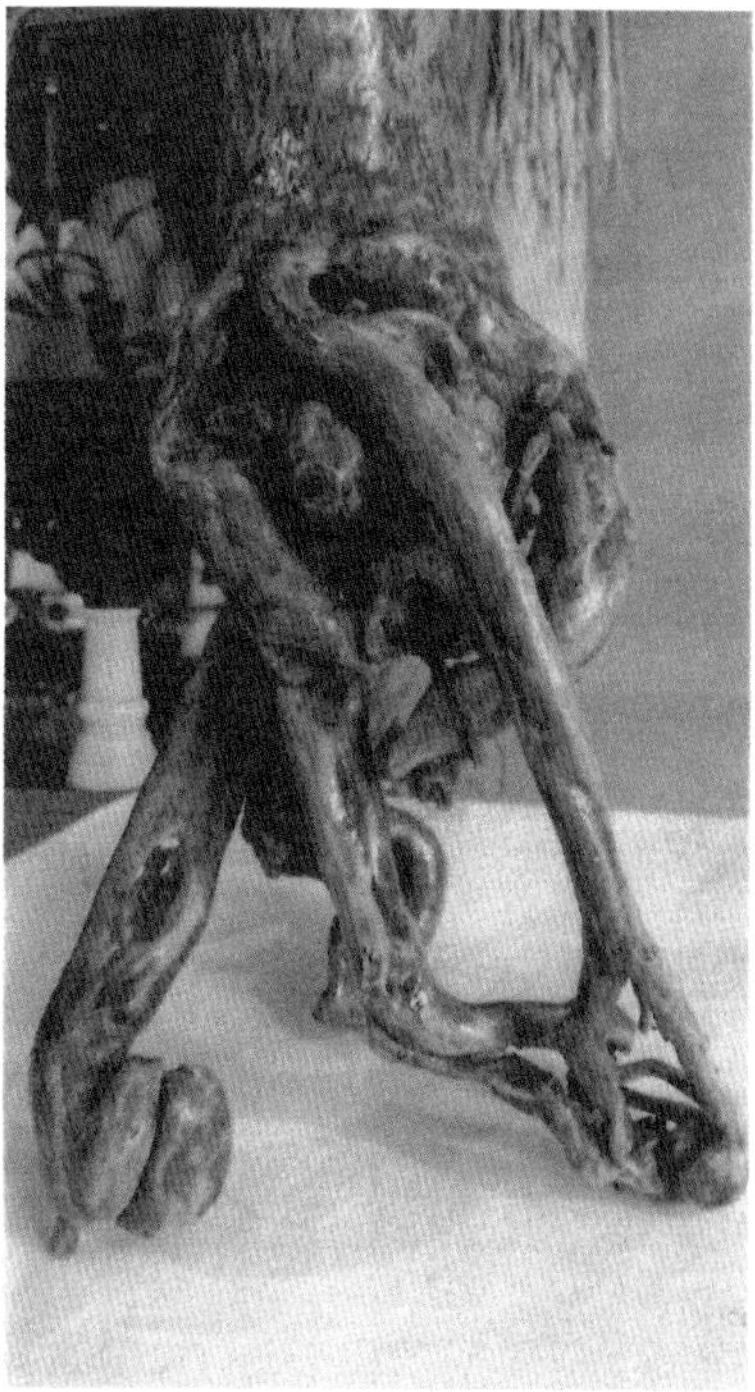

【天の立場の社会科学者】村山政太郎

・天罰で安倍晋三を地獄に落とした【地獄の根幹像】

2020年6月発刊、拙著【大宇宙の別天天国に行く】84頁、85頁、安倍晋三に天罰を下すと明確に記した。安倍晋三は、天の予言の通り2年後、2022年7月に死亡した。

【重要】【天罰で殺害し地獄の根幹像に落とした。これがなければ、東京オリンピックの後始末、アベノミクス、マスク、モリカケ桜犯罪、赤木氏、籠池氏、未来、全体幸を無視にした安全保障ありき。人間としての心に総論理想の実現学（**必須**）。**独裁者に天罰下した】**。

晋三を継承した岸田総理政策酷い。防衛族、官僚も元官僚も、政治家も、自公政権与党の連中の心が荒っぽいから問題が発生するのだ。**全世界の人類に心の教育が必要**。

村山政太郎の**十年前**の拙著「**精神の根源は宇宙天にあり**」256頁、**ウクライナ戦争を予言した【ウクライナは再起不能】との予言的中**。「平和を作るために一切努力することなく武器を備え、同盟を組み抑止力だと言ってひたすら相手国に一方的に戦争・・・・この先の熟読をお願いします。**ウクライナ戦争【一年経過】中国が初めて**

和平案を提示した。宮家邦彦氏、東海大学の末延氏には人間としての心が欠乏。ロシア寄りだ。あんなものは参考にならないとケチョンケチョンとやっつけた。この心、米国ありき、政府ありきは心が狭い、次元が低い。人間としての全体考を持て、村山文学の総論理想の実現学が心に必須なのだ。

中国の和平案、アメリカの和平案、最初から上手くいかなくとも和平議論が必要です。これから戦争ありき、前提ではない「戦争しない道の議論をすべき」。この議論できないから地獄に落ちる。地獄に宝石も石油もある。貪欲人が落ちる、地獄絵図を紹介する。

地球のブラックホール

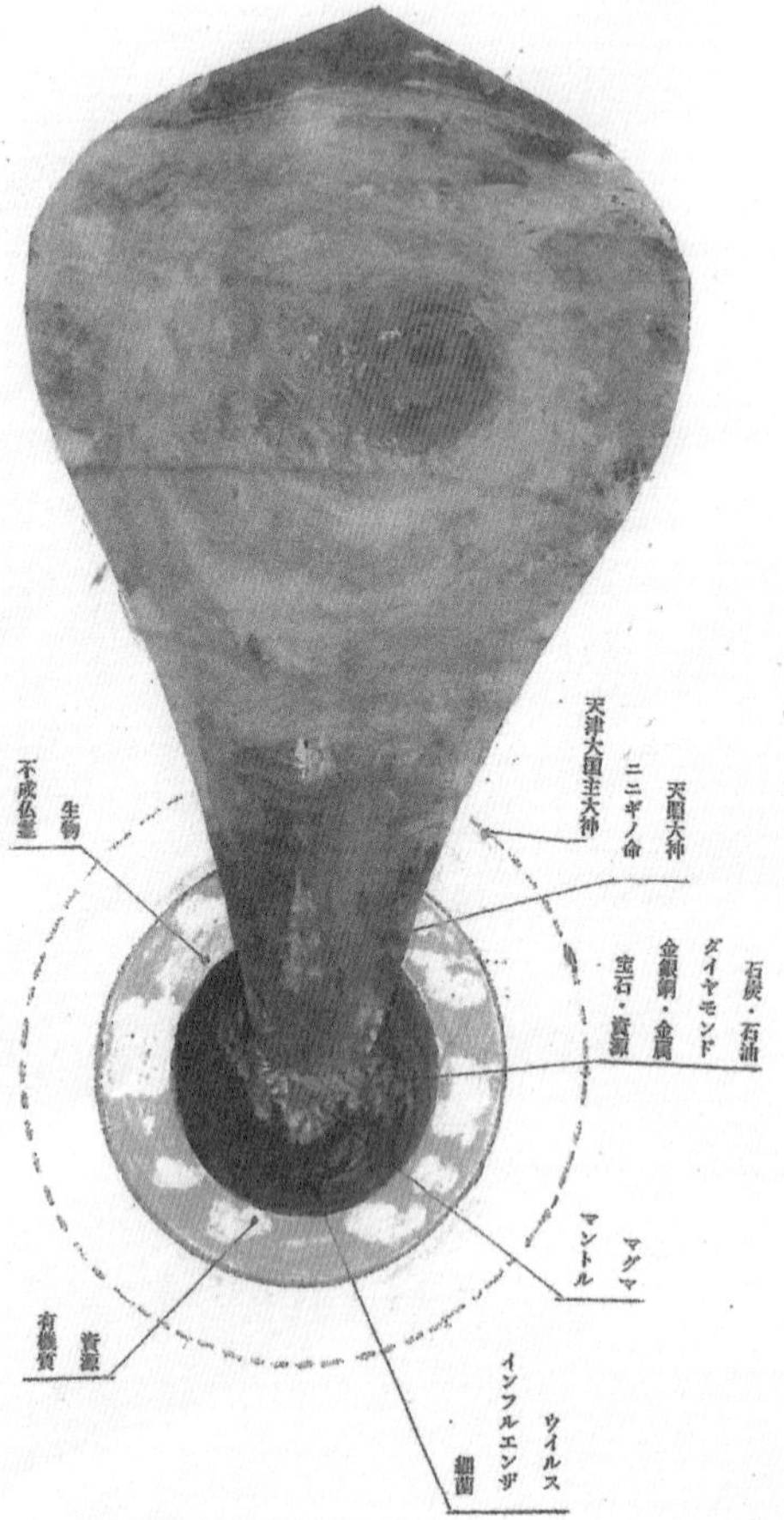

米国が世界一の嘘を吐く国家であり世界一の戦争屋なのだ。

第五福竜丸は被爆船。忘れたのかな？　教科書から削除した。岸信介のA級戦犯も検証しない。イラク戦争原因の大量破壊兵器なかった小泉純一郎元総理罪の検証もしない。

２０２３年３月２日、れいわの**山本太郎氏が、イラク戦争、正しかったのかと岸田総理に質問した**。その解答が、**国民の命と暮らしを守ったから正しかったと正当化したアホ総理**。

未だにあの戦争の間違いを検証しないから**国民が分からない**。私は拙著「**日本丸はどこに行くのか**」に、**当時のイラク戦争の現実を詳しく記した**。あの時、米国に騙されて雇われたイラク人、**サダムフセイン像を壊したから再建して謝りたいとの投稿が東京新聞に載っていました**。私はこの現実を予言して数々発刊した。本書でも**米国悪を指摘した、心が姑息的であり、場当たり的だから戦争を繰り返すのです、２０年後今、サダムが良かった。アメリカが悪国家であり困窮生活中であり、騙されたと全世界人類が米を批判している**。

ですから私は、１９９５年発刊、（**聖なる神通力**）を発刊し【**心の時代**】求めた、２頁参照。

善の働きが持続可能なら、それが心の時代に繋がります。罪を認めて正しい話し合いができたなら、それが**心の時代**なのです。

米国白人は先住民を虐殺して領土を奪い取った獣。日本にある米軍基地に汚染物質があり地下水を飲めなくなった。米白人が大気まで汚し続けた、これで生きて行けなくなる。

第五章

開運に導く天の作用、その二

・【天の作用】。獣と獣人の罪を祓う供養塔像　その二

天の作用を説明する、人間はこれまでに気づけないことが天の作用。供養塔像の数々の写真を後の頁に紹介した。11番の写真の一つの眼をご覧ください、撮影者、撮影角度等、写り出た映像が「天の作用」。一つの眼が、12、13、14、15、16、17です。

・天の作用の神通治療の紹介。がんや病気を作る製造工場を改善する療法。がんや病気等の患部を神通治療しない、がんを製造する工場（背中等にある）を施術する療法。

西洋医学は、CT・MRIで撮った写真が患部ですから手術する。

神通治療は患部、病気でも、CTに写らない病気でも、がん患部でも直接に施術しないで改善する療法。天が病気製造部を探して施術して病気を改善させる療法が神通治療。

・西洋医学は、がん等患部を直接に手術して除去する療法です。

・神通治療、がん等（背中等）に作った病気製造工場を施術し改善させる天の作用

療法。

・西洋医学は、がん等の患部を切除する療法。病気を作っている製造工場を探すことが不可能ですから、がんが転移して、がん病等が発生しているのです。私は、【西洋医学】と【神通治療】の併用療法をお勧めしています。

第四章、「ウクライナ戦争を仕掛けたのが米大統領」だと十年前に予言した著「精神の根源は宇宙天にあり」２５６頁に記載し予言した。米国が十年前に、ロシアとウクライナの親戚関係を騙してブチ壊したから、ロシアが戦争を始めたのです。

ＮＡＴＯのそれぞれの国家がウクライナに武器から戦車まで供与した。ロシアが中国に武器を求めると威嚇する米国が反対して経済制裁したのが異常者なのだ。ロシアが敗戦してウクライナが勝利しても、ウクライナは武器を借りて勝利したのですから、借金の返済あるだけでなくて、復興するにも大金が必要ですから、私は十年前に【ウクライナは再起不能】なのだと予言した。それだけでなく、日本で生活しているウクライナ人が帰国すると、町が破壊したから、戦争以前の生活のほうが良かったと言いだします。

米が経済制裁したから物価高になり全人類が困窮生活になったのだ。考えなさい。

NATOがウクライナに駐留しないと**公約しています。ＥＵ各国は米軍基地の駐留を望んでいません。**このことまで深く考えて**「ウクライナは再起不能なのだと」私が予言した。**

ウクライナが戦争勝利しても援助の勝利ですから、**再起不能なのだ、アメリカはどこまで考えて戦争したのか？　大義の答えを持ち備えていない。真実なく戦争して兵器を売人。**

米国は兵器等を生産し安全保障を盾に、同盟国に兵器等を売り捌き儲けて経済を成り立たせている獣国。ウクライナ戦争は米大統領が仕組んだ一国主義の泥棒詐欺国家。

米国が十年前に仕組んだウクライナ戦争に大義も正義もない経済制裁した獣に天罰下す。

米国は一国主義の自分主義。米国は何のために生きるのか？（アメリカに金融の病原菌があります。天の声）。このことを、これから米国が深く考えなければいけないのです。

拙著**【神秘な脳内革命】１９９９年発刊著。**23年ぶりに必要になった拙著です。64頁、エネルギー問題が深刻になると言う議論ありますが、私は楽観しています。66頁、誰もが平等であり、平和になれば一人一人の生活力が向上するわけですから、心が正しくあるべき時代にならなければいけない。宇宙へのキーワード、平等・平和。**第五章にて、我欲・貪欲な自分主義のアメリカに教えたこと。金銀銅、ダイヤモンド、宝石、石炭も石油も、財宝も、地獄の根幹像にあることを教えた。**

地獄の根幹像に落とすのでなく、第六章から地上にあるエネルギーから宇宙を説明する。

ある程度世の中をわかるとしても、他人のために行動を示さないから、他人の苦しみがわからない、他人の困窮を覚えようとしない獣人。自分が良ければそれで良いのが自分主義の人間。アメリカのように十年前からウクライナ戦争を仕掛けていた戦争屋が一番に悪い。

これから説明する新エネルギー、２０５０年開発完成予定の新エネルギーを紹介する。

ここまで来た核融合発電。地球人類の未来を救い叶える未来の発電。ＮＨＫサイエンスＥＰＯ、３月５日、23時30分から放送されます。「技術開拓研究者、博士（工学）村山真道」

これより説明すること開運者が天国に行く供養塔像その二。太陽にも空気中にもガソリンに変わるエネルギーがあるのです。地獄にあるエネルギーだけでなく主に地上にある太陽光や水素や空気等を使い新発電生産する。この力が天の作用である。榊水を入れ替えると人間も榊も成長する。

大野祐俊氏提供写真。

3

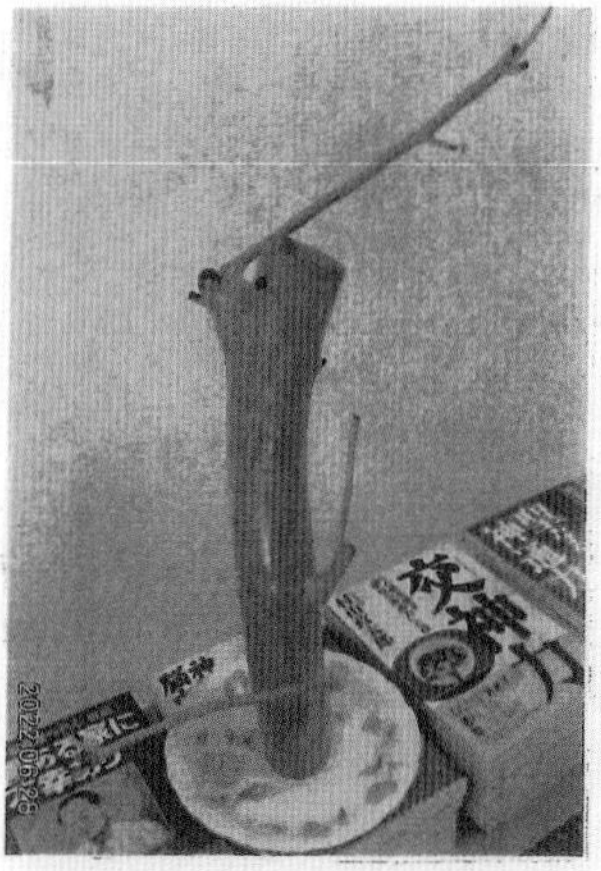

1

戦争しない道の自由の女神像
人間としての最も大事な心の根幹を取り戻す
天学術者
村山政太郎
天の作り出した
『自然の像』の
写真付き
この1冊にすべての事実がある!

4

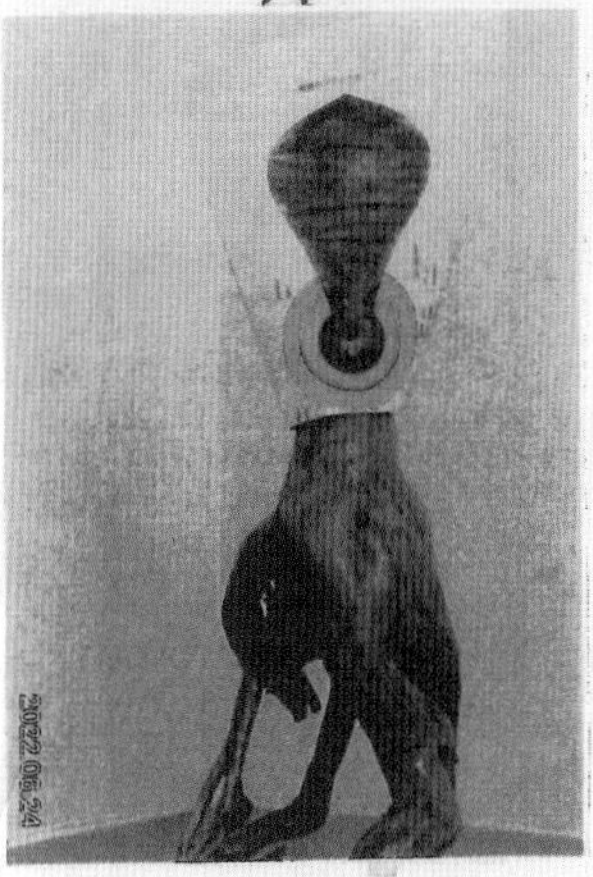

2

2022.04.13

7

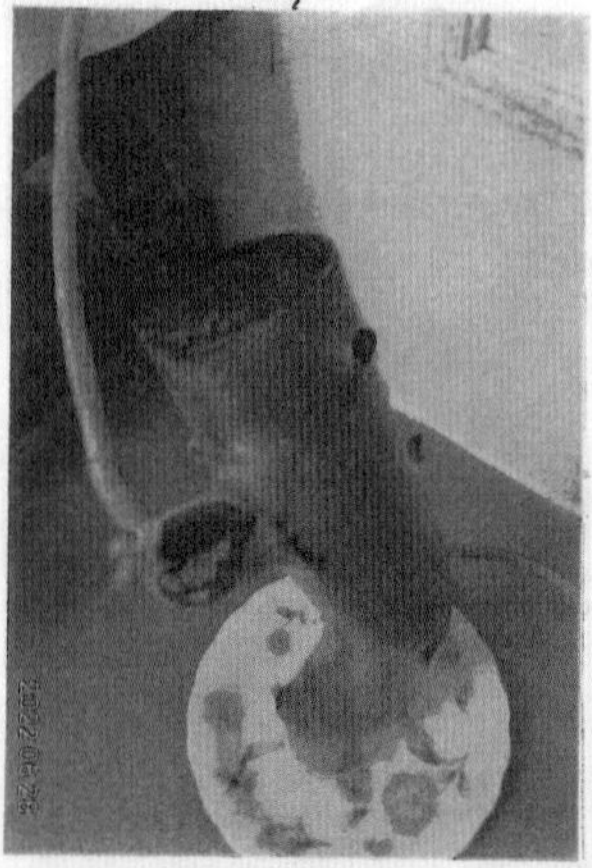

5

8

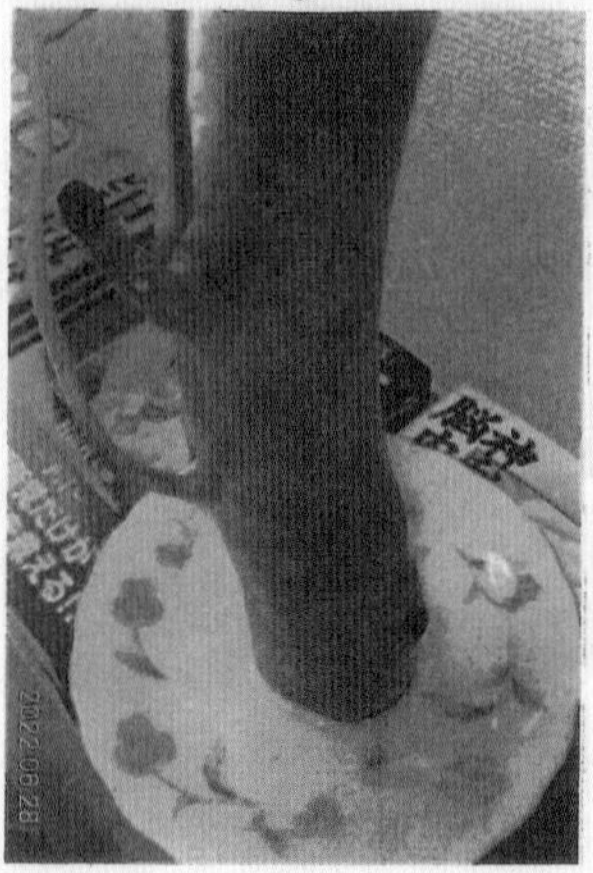

6

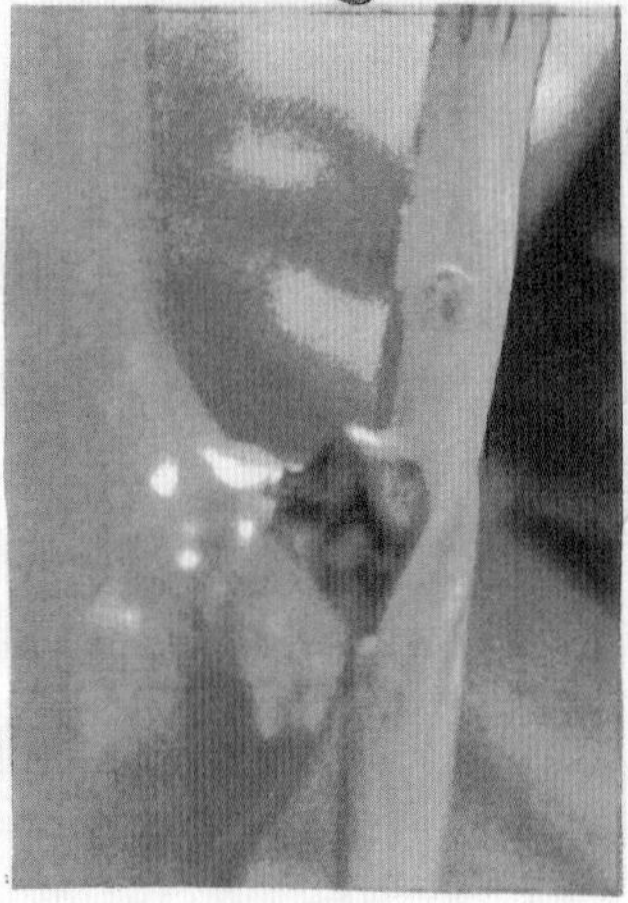

11

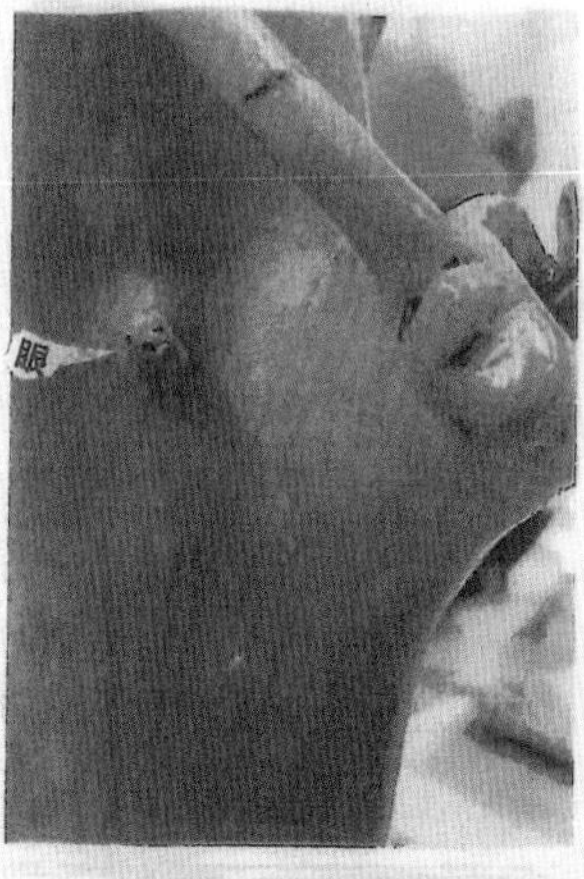

9

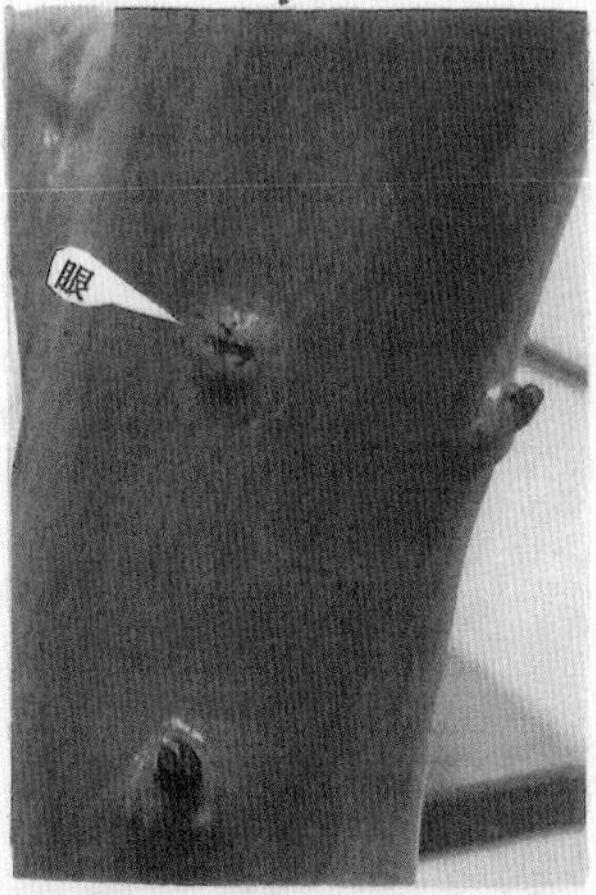

12

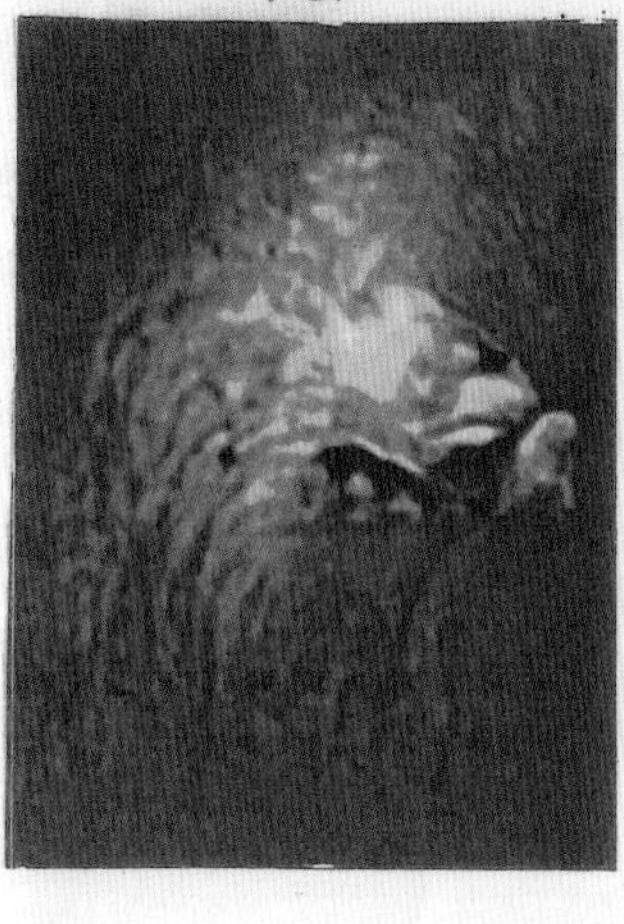

10

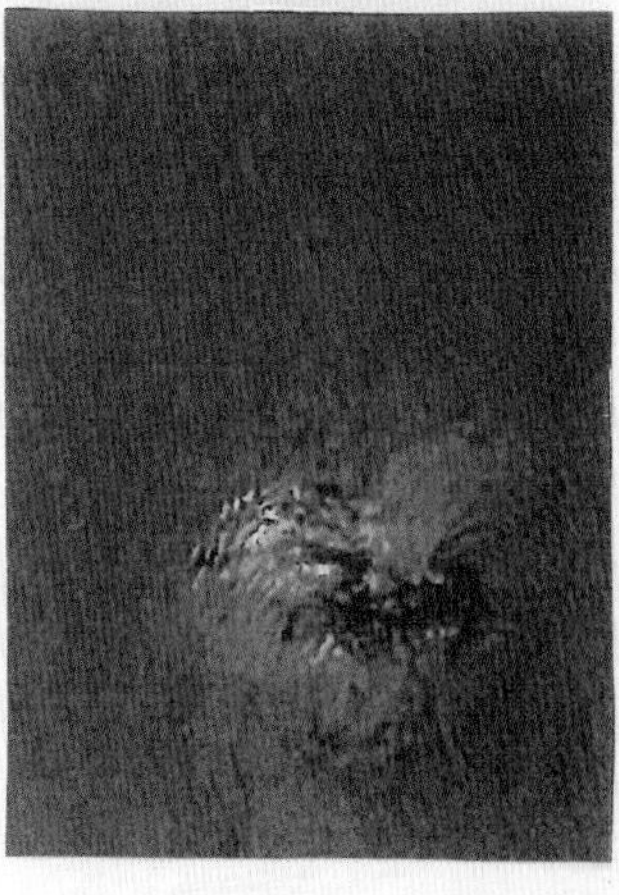

15

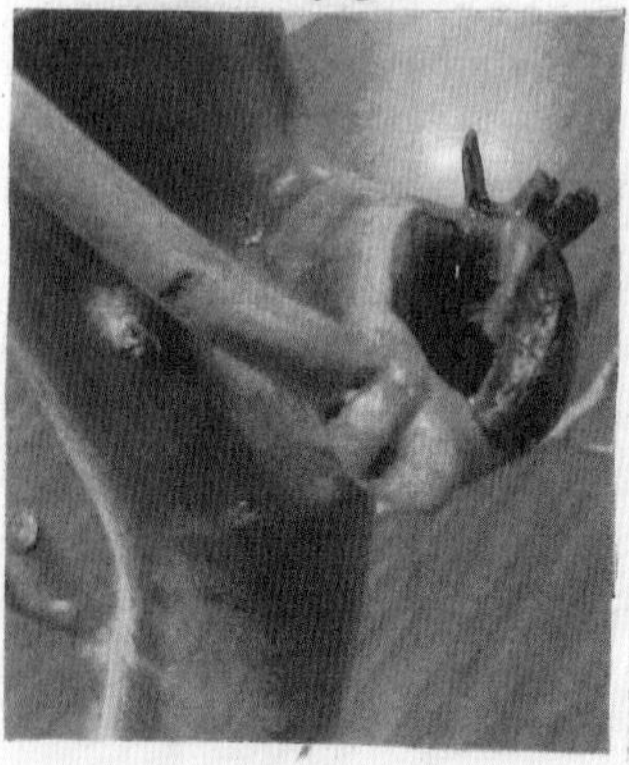

13

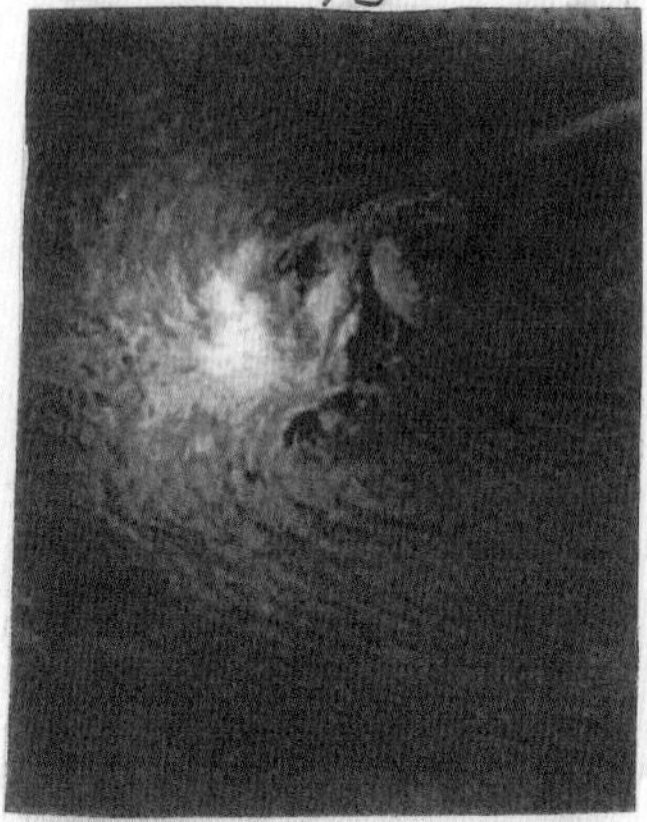

16

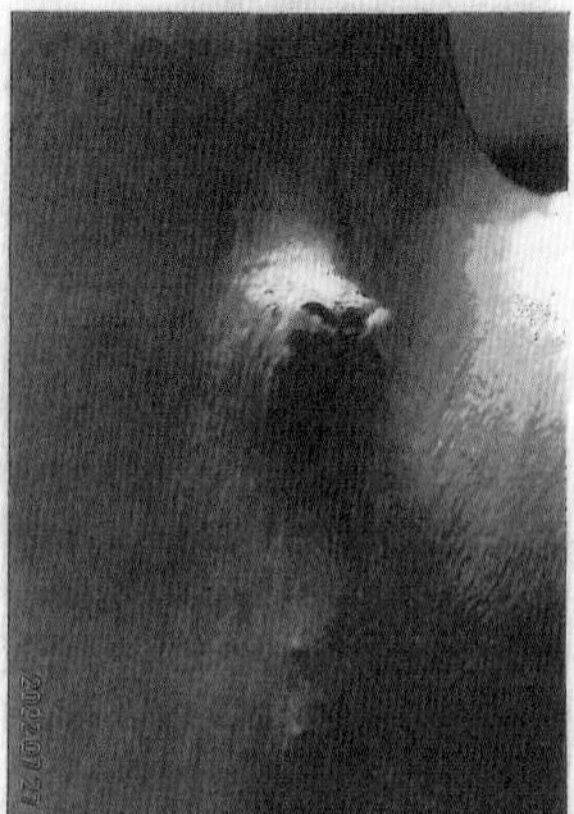

14

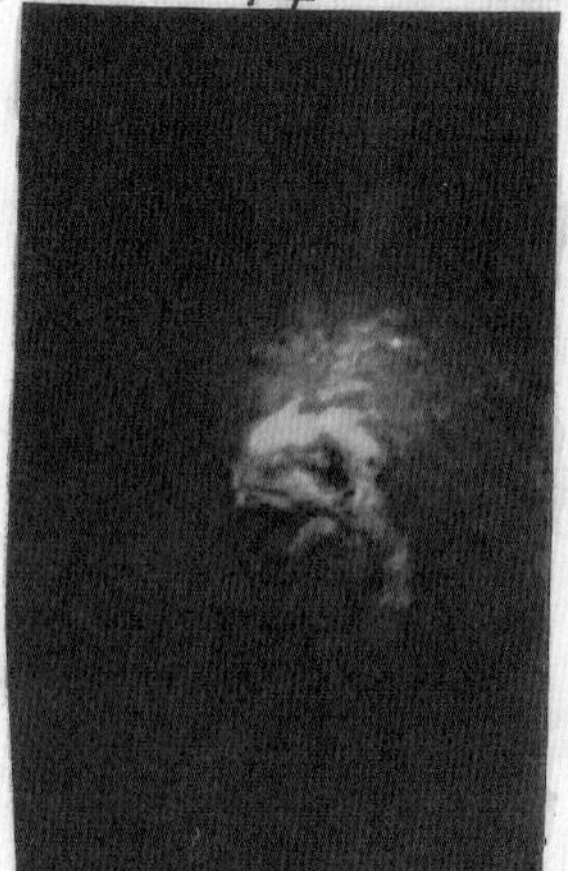

19

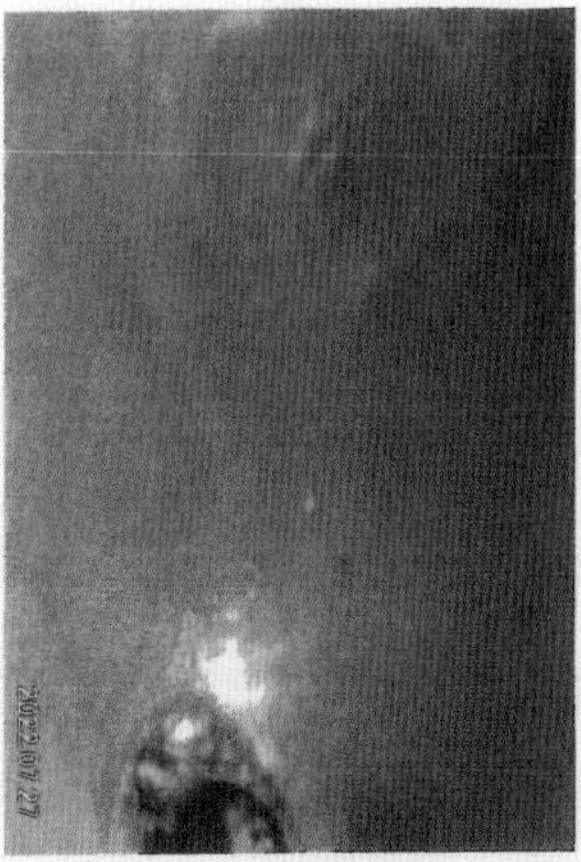

17

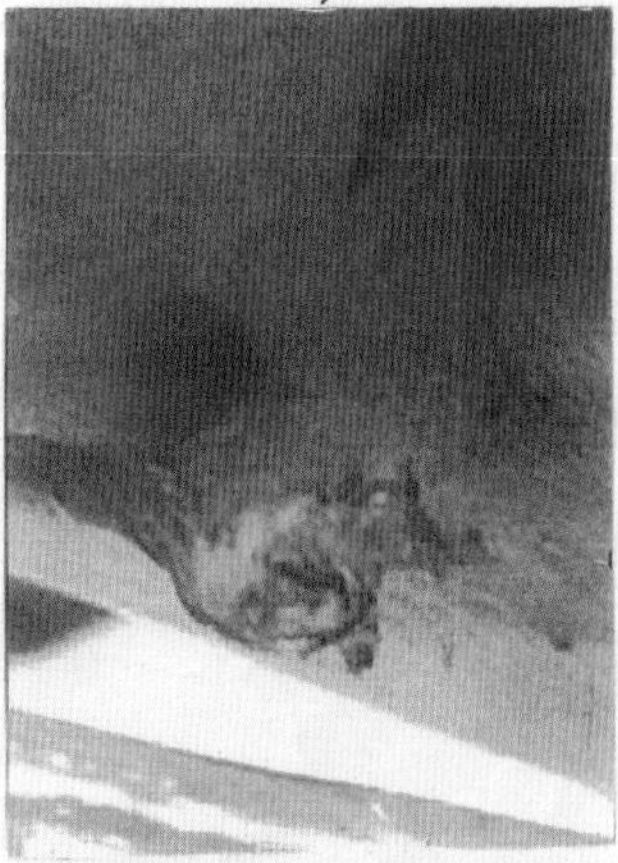

20

18

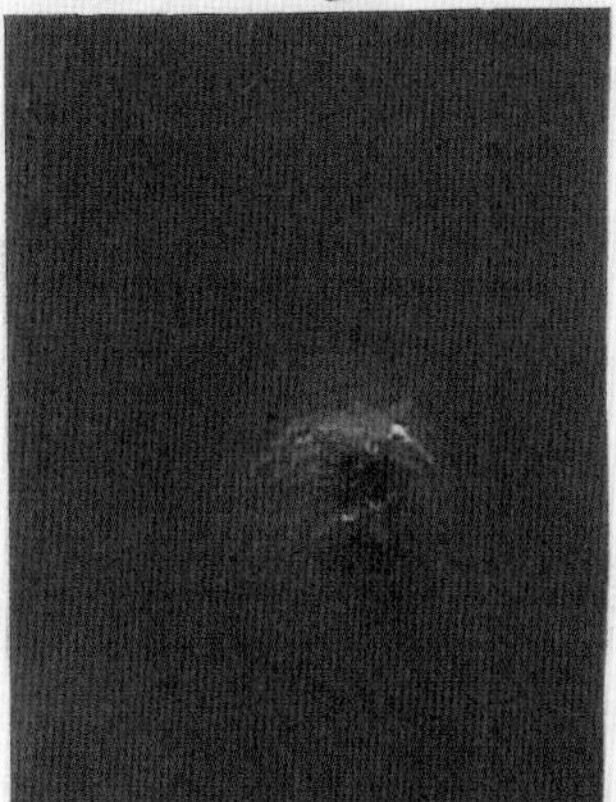

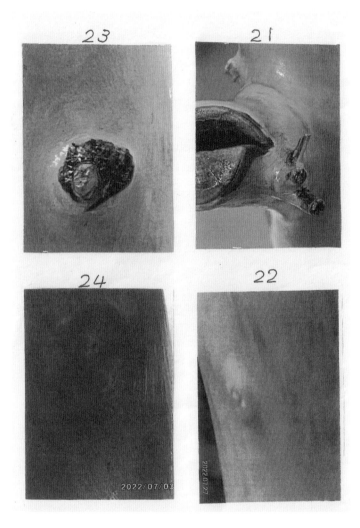

23

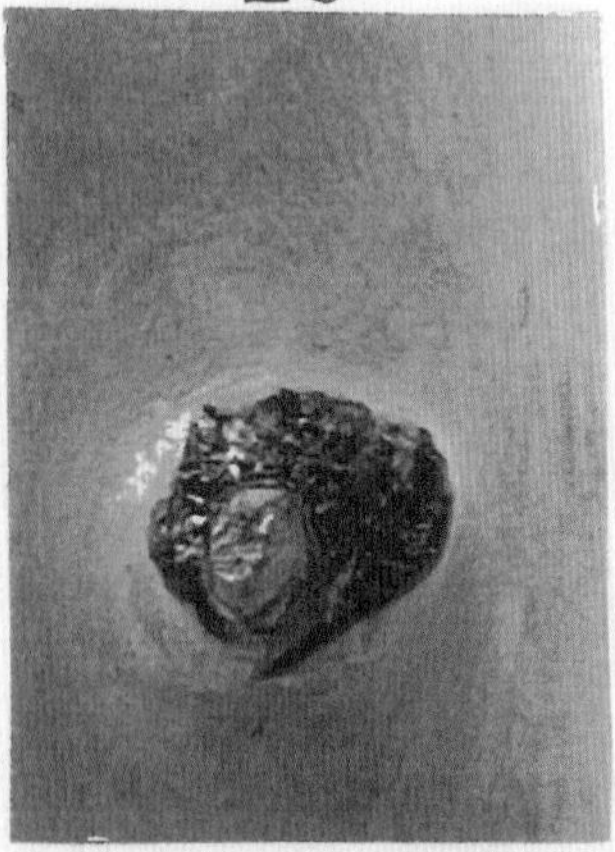

21

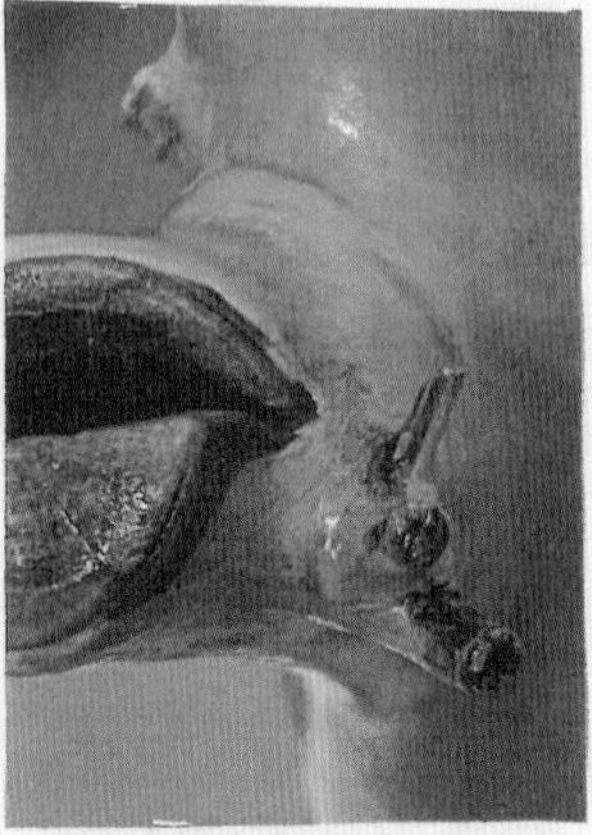

24

22

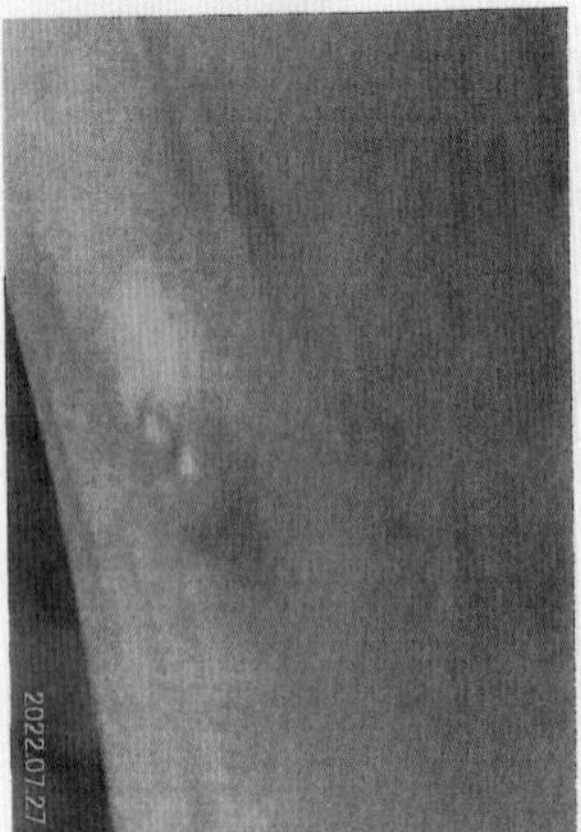

獣と獣人の罪を祓う供養塔像。（その二）の内容と写真提供者の紹介。

既存の神社仏閣。鳥居をくぐると両サイドに狛犬などがいて、お社に鎮座している祭神を守っています。狛犬などの獣と祭神（神様）と共存共栄して生活しているから、狛犬（獣）が悪事を働き罪があっても、共存共栄ですから、獣の罪を祓えないと私が教えた。

本当にそうなのです。**獣の罪を祓わないと、地獄に落ちるから、天が私に地獄に落ちないように、獣と獣人の罪を祓う供養塔を天が私に授けてくれたのです。**

1、拙著、戦争しない道の自由の女神像の表紙の写真。

2、山茶花の木、取り立てであり、皮付きの、獣と獣人の罪を祓う供養塔像。その一。

3、山茶花の木、獣と獣人の罪を祓う供養塔像。その二。

4、榊の地下で育った，獣と獣人の罪を祓う地獄の根幹像。

5、富樫晃祥氏写真提供。幹芽が、本人の水子です。供養されたから肉眼に見えた。

6、富樫晃祥氏提供、水子が多すぎるから、自分自身が無意識なのだが写真に写る。

7、「獣と獣の罪を祓う供養塔像」（その二）の全体像です。

8、右記、7、の下部の写真です。

9、新田純三氏提供、左目に注目してください。
10、窪内靖氏提供、9、の、左眼を拡大した写真です。

11、の（一つの眼）に注目してください。一つの眼なのですが、撮影方角、角度が違う、、撮影者が違うと映像が違う。このことを天の作用と言う。この続きを後で説明する。
12、富樫嘉泰氏提供、獣と獣人の罪を祓う供養塔に祈願して、獣と獣人の罪を祓う供養祈禱祝詞を奏上いたしましょう。幸せになり他人を救える人になりましょう。
13、窪内靖氏提供、天神の姿が見えないが、天神の右指で左眼を癒している姿の写真なのです。聞いたら、左目がよくないから天神が治療してくれていた写真でした。
14、窪内靖氏提供、天の作用によって同じ目を撮影したのに写真が全部違う、これが天の作用です。
15、富樫秀夫氏提供、努力した結果、天に報われて、認められて光り輝きました。
16、獣と獣人の罪を祓う供養塔像にある獣の写真ですから、心配する必要ありませんからご安心ください。

17、高橋・裕之・順子氏夫婦提供。11の同じ眼の写真を撮ったのですが、この写真に様々な動物の映像が天の作用により、写し出されていますから深く観察してください。
18、猫の顔が映りだされた。同じ部分の眼ですが、天の作用で、違う顔になります。
19、この写真を深く観察してください、天の作用により、様々な顔に見えます。
20、地球のブラックホール。悪いことをすると地獄に落ちると二度と這い上がれない。

21、富樫秀夫氏提供。犬のような顔が複数見えますから観察してください。
22、この姿、宇宙のように見えます。天が希望を与えてくれています。
23、心を広げて想像しましょう。これが獣と獣人の罪を祓う供養塔像なのです。
24、人間がペットに洗脳させた姿、獣と獣人の罪を祓う祈禱祝詞を奏上しましょう。
この世はペットに人間が洗脳されたから獣人間になり戦争しないでいられないのです。

人間が自宅でペットを飼い共存共栄しているから、ペットに洗脳されて、動物アレルギーになり、トキソプラズマ症、神経を病み、不安心配性や被害妄想・**心の病気になった。**

統一教会会員を**幹部が悪者の霊障者扱いにして寝かせない**、徹底的に先祖からの祟りがあるなどと、悪人に仕立てて、償いをしないと生きて行けないことを悟らせて物売りなどをさせた悪い教団である。これらのことを、**天はすべてを知っている。**この世に「霊能者」がいますが次元の低い、獣と同じ実力者たちなのですからお気をつけてください。

【霊能者】と【天能者】の違いを説明する。

【霊能者】。霊は不成仏霊ですから次元が低い、獣と獣人との霊力です。**日常の世界と獣と獣人の世界を仲介する特異な能力を持つとされる次元の低い人を霊能者と言います。**

【天能者】。別天天国の大神の天の作用による救済者である。この技術を得るには、拙著「聖なる神通力者になること」。拙著「大宇宙の別天天国に行く」第六章だけでも、**最低把握していただかないと【天能者】**には、なれません。

右記だけではありません。【天学術】を身に付けるには、最低・四年以上の実務経験が必要になります。安倍晋三総理のように嘘を吐いて騙して、一年くらいでマスターできるといえば**【神通力者を目指す人がいると思いますが技能を身に付けることは大変なのです】**。

拙著「**大宇宙の別天天国に行く**」２１７頁、「別天天国図」と「総論理想の実現学」を学んで次に進んでください。

【天学術】を説明する。

一、**天とは**、28年前の拙著、「**聖なる神通力**」の神々をご覧ください。17頁参照。

二、**学とは**、村山文学の「総論理想の実現学」「各論理想の実現学」を学んでください。

三、**術とは**、**【振魂】**の言葉を聞いたことがあるかも？　**天津会の振魂**は、これまでに地球界に存在していなかった、**【天の作用】**による、特殊な**振魂技術です**。

一、二、三、全部肉眼に見えない特殊で重要な三要素の合体【天学術】といいます。

・【供養する】世界各国に存在しているが、完ぺきな供養法の存在なかった

これまでの神社仏閣、霊能者などの**供養法**は、掃除するだけですからゴミは、自然に再度溜まります。

「獣と獣人の罪を祓う供養塔像」を説明する。

皆さんは不成仏霊を供養すると言いますが、どのようにして**供養しているのですか？**

私はその供養のやり方を問題にしているのです。従来のやり方では、供養されていないのです、ですから供養なされたという方々に聞いているのです。

私は天の代行者ですから、大宇宙の別天天国のソムヌユルネ大神と話すことができるから最善の供養法を実行しているのです。

不成仏霊が（背中等に）憑依されているから、**障り**（健康に害をもたらす、妨げ）をもたらしているから、人間が不幸になっているのです。**障りとは霊障のこと。**

背中等に憑依している不成仏霊を「獣と獣人の罪を祓う供養塔像」に、移す、移動

させないと、背中などに取り憑いて不成仏霊の障り（健康に害をもたらす、さまたげ）を無くすことが出来ないのです。

この供養法を実現したのは世界初であり、村山文学の天津会だけです。

【獣と獣人の罪を祓う供養塔】をつくったのは人間でない、天神が作った供養塔像。写真を撮ると、角度や時間や撮影者によって映し出された映像が違うのです。11番に、（一つの眼）、があります。この（一つの眼）が、撮影者によって違うのです。

この11番に、（一つの眼）、なのですが、12、13、14、15、16、17、18番の違う映像に見えます。このように色々の（姿）に見せてくれる、これが天の作用です。（眼）として私が説明したのは（眼）に見えたから（目）として説明したのです。拙著「戦争しない道の自由の女神像」84頁、同じ供養塔であり、その二、で紹介した。

（猫や犬、それだけでなく、不倫等、正式にお墓や仏壇にて供養されない不成仏霊）の霊障りによって、開運が閉ざされて幸福になれない家族があります。それらの問題

を解決するために天が授けてくれたのが「獣と獣人の罪を祓う供養塔像」なのです。

再度（11番のペットの一つの眼）説明する。ペットだけでなく人間の顔に見える、これが「不倫子の顔」。これを供養するのが（**天学術**）。天が天学術者に授けてくれた宝物です。


「自宅でペット死後庭に埋めた」、「ペット死後、業者に依頼した」、祟られて運勢閉ざされる。（**健康に害を齎す、妨げられる**）から、**運勢開花しない。背中に**「**シコリやコリ**」等の障りを患者から「**獣と獣人の罪を祓う供養塔に移動した**」から、**獣やペットや人間の顔に見えた。**なお、子供の顔のように見えたのは成仏された顔や姿、**外水子**の顔もある。

・【獣と獣人の罪を祓う供養塔像】罪人の霊障を金木に移し成仏させる療法

この地球には沢山の国家があり多くの人類が生活しているが**獣人たちの罪を金木に移して成仏させて大宇宙の別天天国に行く導く方法をこれまで知らなかった。**

世の中には自分の思い通りに運勢が開花しないのはそれなりの障りがある、その障りを自分の体から山茶花に移して健康でしかも明るい生活を営めるように改革したのが**【獣と獣人の罪を祓う供養塔像】**です。【獣と獣人の罪を祓う供養祈祷祝詞】もあります。

・次の数枚の写真の全部を最初にご覧ください。

1、2、3、4、5、の数字の物体の写真がある、この数字は、同じ物体の写真ですが一枚の写真で説明しても把握できにくいとの、私の思いで複数の写真で説明しました。

同じ番号の写真は全部の物体です。最初に確認し覚えてください。

1の部分に金木がある写真と無い写真があります。金木があるのは、祈願者の体から金木に移したのですが浄化・進化されていないから**1の場所にあるのです。**1の場所からなくなればよい。**1の場所からなくなった証拠を説明する。**2、3、4、の場所のどこかの**【獣と獣人の罪を祓う供養塔像】**に、以前の身体にあった**障りが移動してくれたから、1の場所にあった金木が、5の位置に金木が移動してくれたのです。**

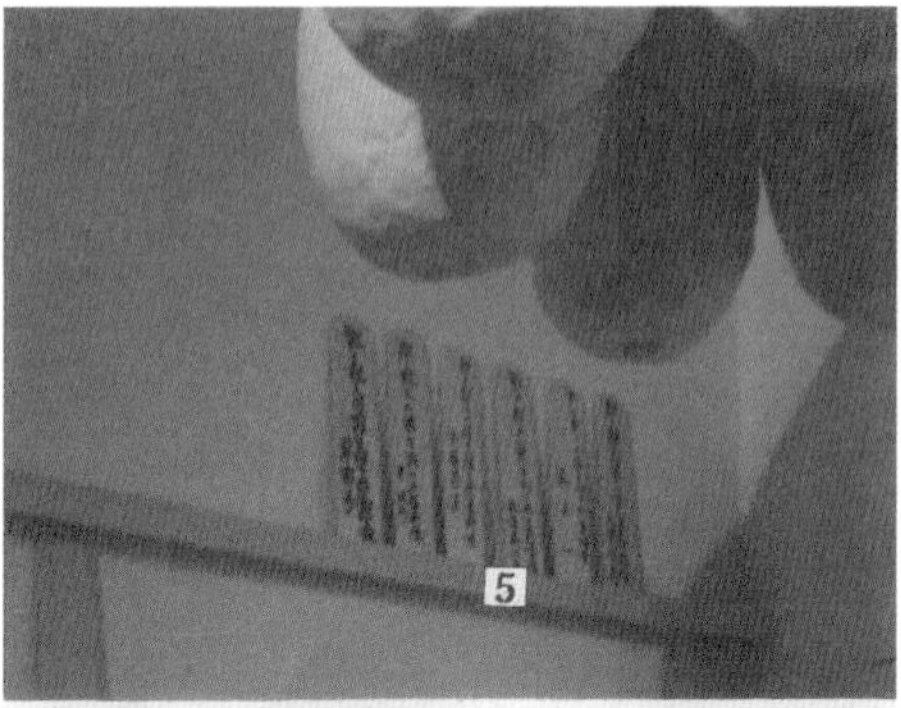
5

4
3
2
1
2022.12.23

4
3
2
1
3
2
1
2023.03.08

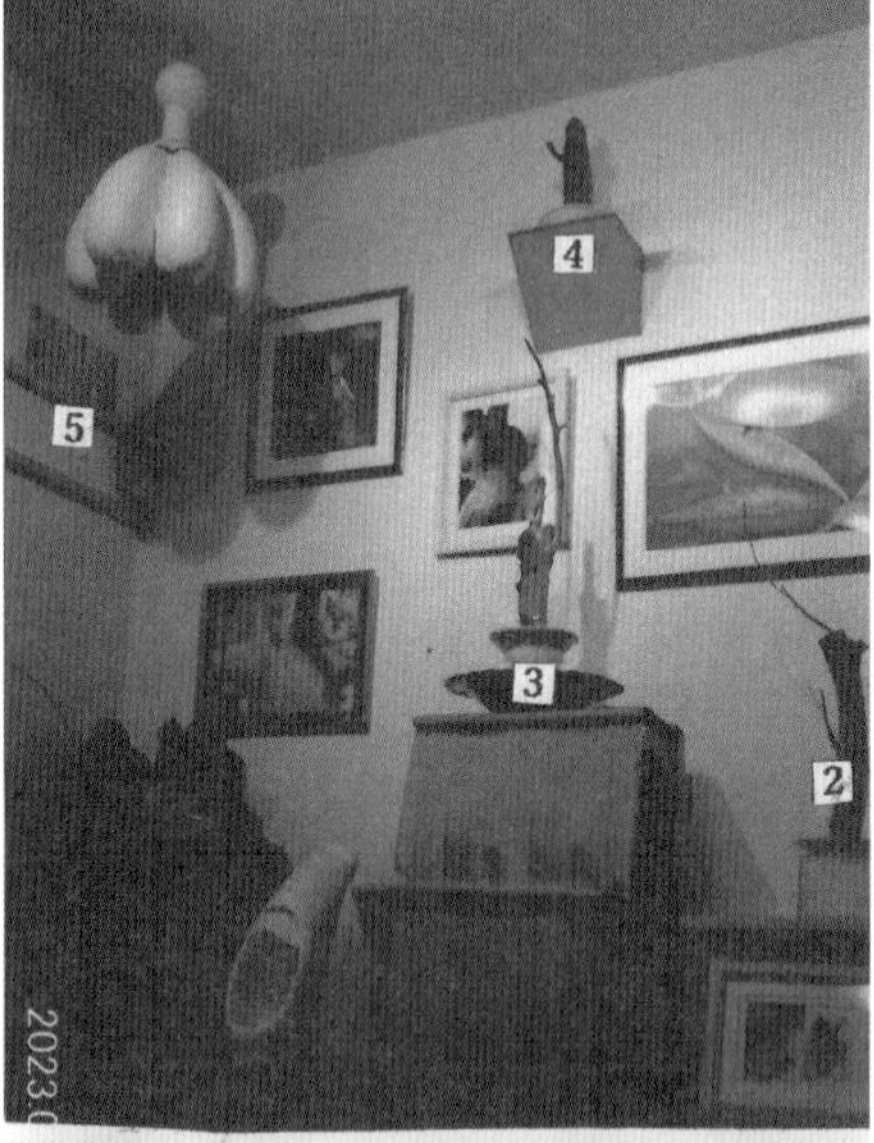
4
5
3
2

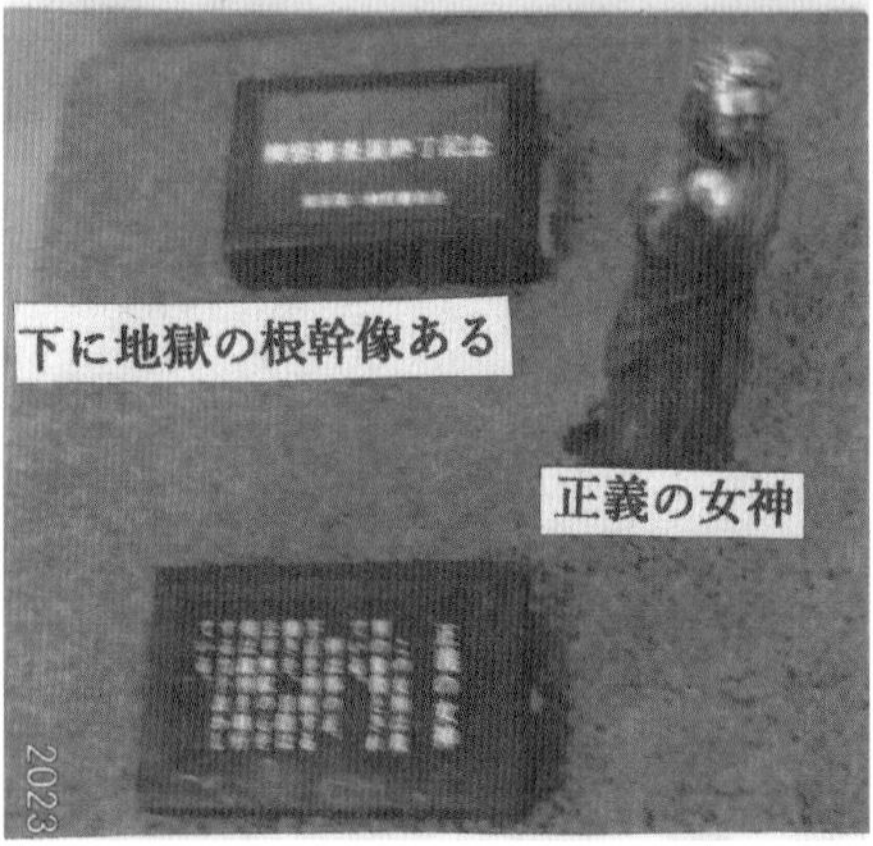
下に地獄の根幹像ある
正義の女神

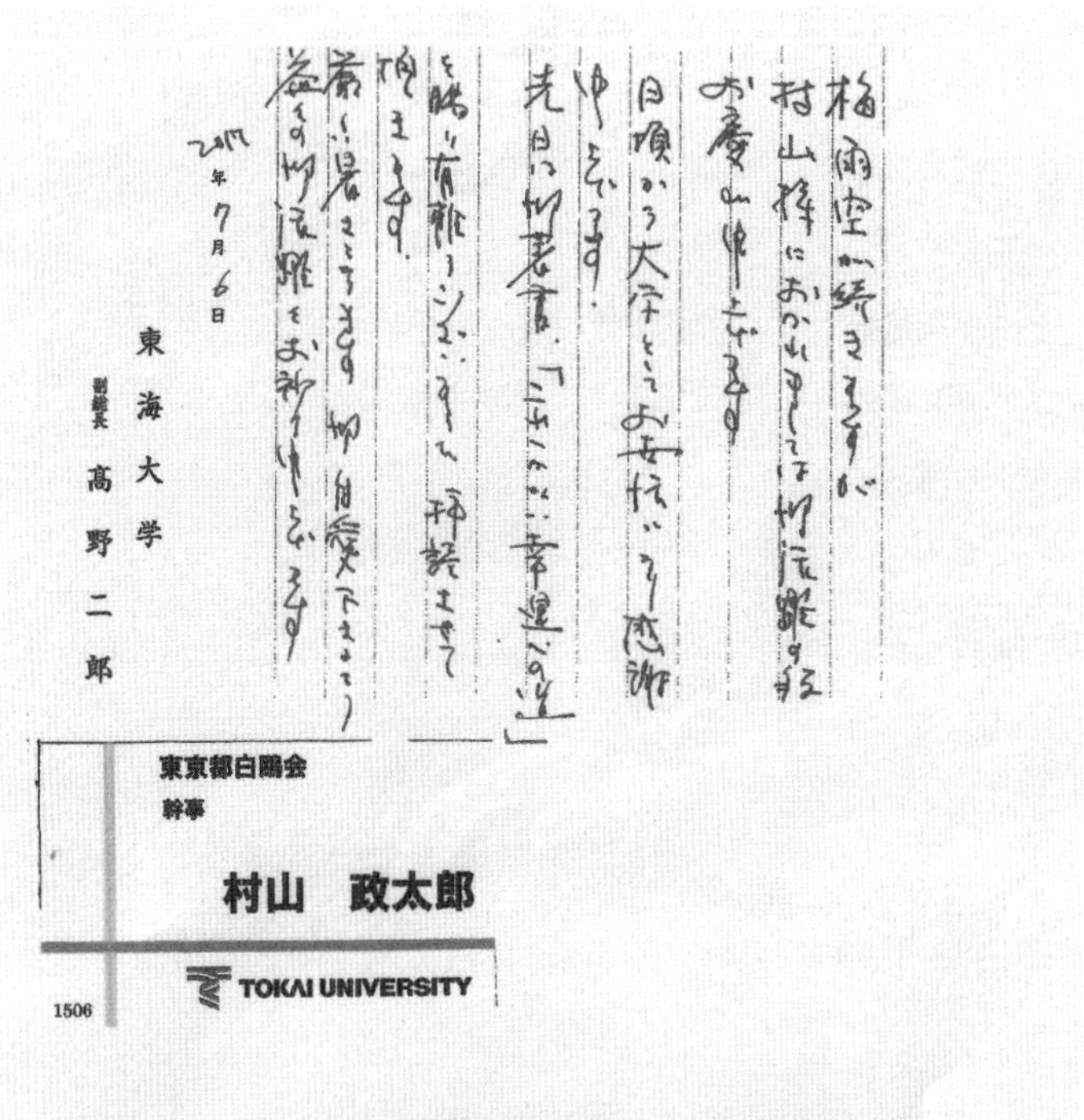

梅雨空が続きますが
村山様におかれましては御清祥の段
お慶び申し上げます
日頃から大学として御支援いただき感謝
申し上げます。
先日は御著書「これからの幸運への道」
を賜り有難うございました。拝読させて
頂きます。
厳しい暑さとなります 御自愛下さって
益々の御活躍をお祈り申し上げます

2017年7月6日

東海大学
副総長　高野二郎

東京都白鴎会
幹事
村山　政太郎
TOKAI UNIVERSITY
1506

政治家よ!天の財産私物化するな、総論理想の実現学

天津会　村山 政太郎 様

前略、いつも故郷から世界圏まで考えておられる、村山様に感謝申し上げます。

つきましては、このたび、わざわざ献本いただき、まことにありがとうございました。

時節柄、ご自愛いただくとともに、村山様のご健康とご活躍をお祈りいたします。

まずは、御礼まで。

令和２年６月１日

朝日町役場　総合産業課長

鈴木俊治

地球全体に戦争のない平和構築、村山文学

「政治家」も「宗教家」は人間ではない獣人ばかり、偉い振りして表面ばかり飾って権力を行使して公共の物まで私物化し自分主義に生きて国民に迷惑をかけて、自分白身にも迷惑をかけて生きているから天に祟られて開運も幸福も授からないのが安倍晋三首相でした。

この悪人にも救える「獣と獣人の罪を祓う供養塔像」を私に天が授けてくれた。

ここまで説明しても獣人には分からない、もう少し分かりやすく説明する。日本人ならお墓ある、仏壇ある。米国白人社会にも、死人を供養する方法があるが、水子や外水子や、親子兄弟、親戚からも世の中の誰からも供養されない一人ぼっちの寂しい可哀そうな苦しい霊障者がたくさん存在しているのに、この地球人は誰も実行しないから苦がある。

「政治家」と「宗教家」には、絶対に知る必要がある、知らないから、二億年ぶりに今、私が教えているのです。

教えられなくとも気づける人間になりなさい。ここまで教えたから自分なりに考えてください。宗教学があるようだが、真実ある「神学」は、この地球にないことを深く考えてください。

「獣と獣人の罪を祓う供養塔像」がある、存在を簡単に説明した。本書と「戦争しない自由の女神像」著にて数々の獣の写真を紹介した。その中に**人間の顔をした写真ある、これが天の作用による人間の顔なのだ。『浮かばれない人がいるから天が教えた』のです。**

自分が正しくとも、パートナーが悪人なら、色々あるから考えなさい。ヒントです。

特に第五章が大事ですから、再度説明する。

1、**心の病気、**精神関係の病気は現代医学では治りにくい難病。不安神経症、膠原病、不整脈、動機息切れ、高血圧、糖尿病、穏やかな生活不可能、うつ病、不安心配性、統合失調症患者が非常に多くなった。過去に悪事を働いたから祟られた米国は戦争しないでいられない病気。最後はホスピス病棟。「**獣と獣人の罪を祓う供養塔像**」**祈願で病改善する。**

2「A級戦犯祖父が悪だから孫が、総理になり世の中をブッ壊した。祖父母が悪であれば、その**孫**が国を私物化しモリカケ桜事件を作り自殺させて世をブッ壊して平気な孫」。

3「**人間ならどなたにも、お墓や仏壇等がある、**そして**死者を供養する。**だけど**供養されない死者がいる、**その**死者の霊障発生ある、**(水子)、(外水子)、(不倫などでの浮気による水子霊等、供養されていない霊障の祟りが怖い）。供養しないから不幸になった。

４「**天神を知らないで、他人の人生相談に応じたなら、患者の霊障に憑依されて、**病気になり体調が悪くなり**運勢悪化して開運がしぼむ。**この不幸の始まりは、切ない気持ちから始まる。獣神の神隠しに合う。何をやっても、嫌になり心が沈み、不安心配性、統合失調症等になる、**心の病気の原因、ペットや狐の仕業。「獣と獣人の罪を祓う供養塔像」に正式に祈願したら見違えるように個々の病気が改善される、改善されたのです。**

良いことずくめの話を聞いたでしょう。本当なのですがお金では治りません。それは天の作用による病気改善改革。この療法にたどり着くまで50年間研究してきた。天の作用の「獣と獣人の罪を祓う供養塔像」が博物館にある。１、２、３、４、５、の像ある。

天の作用により、心の病気が改善される。心の病気原因、「獣の仕業」と「水子、外水子等の不成仏霊が多い」。これらの心の病と不幸の悩みの解決策を私が天から授かった。この宝物が博物館にある。「戦争しない道の自由の女神像」84頁、「獣と獣人の罪を祓う供養塔像」。「獣と獣人の罪を祓う供養塔像」に不成仏獣霊を（金木）に移動させて供養すれば、全ての霊障（苦しみ）がなくなり健康で明るく幸福に改善されます。（天の作用なのです）

「天が善に開運と幸福を授けてくれる」。最初に1、から説明する。依頼者が金木に文字を書く。次に依頼者の体内から息を吐き不成仏霊を金木に移動させる、と同時に私が天の作用にて依頼者の後ろからパワーを放射して金木に不成仏霊を移動させた儀式が、1、です。

2、3、天の作用で4の位置に移動した「戦争しない道の自由の女神像」の体内に移動したから病気改善した。5の位置に私が納める。心の病気、統合失調症、不安心配性、めまい、被害妄想、パニック症状、精神心理神経症、膠原病、難病。骨折等の外傷はご遠慮ください。天の作用による療法ですから、この世の出来事の正しい心の判断が必要です。セミナー開催中ですから、参加してください。心の正しい人を天の作用で救出し幸福を授ける。

第六章

宗教と政治家の真髄の根幹修正必須

宗教と政治家よ！　天の権力と財産を私物化するな。

アメリカは過去の政治犯罪を蔑ろにして戦乱罪から逃れるために検証せずに嘘吐いて騙して罪を蔑ろにして、謝罪も反省もしない詐欺国家。そうして戦いに負けまいとやり放題の悪い戦いを続けた「自分主義の悪い精神の持主の悪い米国白人国家である」。

天が戦争しないための議論をせよと毎日教え続けているのだが、アメリカの大統領が獣に洗脳された、低級な獣人になってしまったから善悪の判断までわからなくなってしまった。

真実よりも自分自身の感情に寄り添う都合の良いことばかり受け入れて生活しているから善悪の判断ができない獣人になり戦わないでいられないのです。

アメリカの宗教家と政治家は、『火星も権力も財産も天のものであることを知らない』から私物化した。（米国はハリケーンすら司れない低次元国家）なのである。

日本の宗教家も政治屋も天の権力と財産を私物化した。米国のポチになり、ＮＨＫのテレビ報道まで狂った原因。ペットに政治家と宗教家の頭脳まで洗脳されて狂ってしまった。

安倍晋三の友である高市大臣の犯罪が酷い。公文書を捏造だと国会で言い出したこと、国会軽視。それなのに、国会での議論は空念仏だから、天が天罰を下すことにした。

地球人は悪魔に支配されたことを知らない。小泉純一郎総理と安倍晋三総理になってから、本格的に天罰が下されるようになった原因を後で説明するから覚えてください。

【天の権力と財産を安倍晋三氏が私物化したから天の天罰で地獄の根幹像に落した】

本書のタイトル
天が善に開運と幸福を授ける

本書のセミタイトル
1　政治家よ、天の権力と財産を「私物化」した祟りが「天罰」（方程式）
2「私物化」した戦乱者を「天罰で地獄の根幹像」に落とす（方程式）
3「平和への第一条件」・「北朝鮮の徴用に謝罪し賠償せよ」（方程式）
高市氏の発言「そもそもテレビ朝日に公平なんてある?」捏造文書と決めつけた。

そうして「羽鳥アナウンサーの大ファンでございます」。高市氏の国会答弁。バレバレのバカに気づけないアホ。番組全体を見て判断するとの見解でしたが「高市大臣が一番組でも放送法に抵触する場合があると答弁」「行政文書を総務省が認めた文書を高市大臣が捏造との答弁」これまで総務省も財務省も行政文書を認めないとの強権を高市大臣が利用して捏造だと強弁した。これまでの酷い犯罪を天が許さない。安倍晋三と今井秘書官との「口裏合わせ」拙著「免疫リンパ細胞若返り手技療法」93頁、加計学園犯罪明確。第二章・森友学園も政治犯罪。天の天罰。各省庁から愚挙が続々出てくる。天罰で地獄の根幹像に落とす。

今回、行政文書でてきて良かった。チンピラの安倍晋三は行政文書を廃棄した、償却した、黒塗りの隠ぺいの行政文書でていた、汚い政治犯罪があってはならない。この汚い悪事を平気で安倍晋三首相にやらせた国民も悪い。これから心の悪い政治家を選ぶな。

未だに、赤木さん裁判時にも黒塗りの公文書が出てきたお粗末。赤木さん、籠池さん安倍晋三夫人を訴えれば裁判に勝てる。次々とボロボロと明らかになる。これが天の声。

安倍晋三首相の友人の高市大臣が権力行使を当然として行政文書を捏造だと強調し威張った。馬鹿な官邸から官僚が牛耳られない強い人間になれ、希望と夢を持てる人になれ。

天がモリカケ桜等の犯罪明らかにする。注意人物、萩生田、下村、細田、私物化するな。

「サッカー、野球も戦いだが、ルールあり対等であり、同じ条件で勝負に挑み正々堂々と戦い伸び伸びと希望と夢をもって素晴らしい目標に向かって人類に喜びを与えてくれる」。
・「政治家の世界は一般社会人の生活と真逆である、政治家当人は同じだと思っている」。これほどに政治家の心が狂い腐ってしまった。自助努力なくなり平気で犯罪を働いています。
政治家と既得利権者とその子孫による犯罪続出を本書にてキーワードとして示した。

ウクライナ戦争、私物化、独裁、差別化、金儲け、G7開催した意味。なによりも酷いのが「政権者とその既得利権者と、その子孫が社会を壊して常識をブッ壊しています」。

自民党政権者とその関係者はみずから罪を反省しない、謝罪も償いも責任も取らない。

威張り腐り支配し牛耳って反省しないから、天が政治犯罪者を地獄に落とすことにした。

政権者と既得利権者は自分の罪を蔑ろにするな。威張り腐るな、悪いことをするなと総理と既得利権者に教え続けてきた。既得利権者とは、安倍総理夫婦、菅総理、岸田総理、高市、萩生田、下村、細田議長、山際等、民間人では竹中平蔵、読売新聞の渡辺氏らは政治犯罪者であり悪事を繰り返してきたけど、罪にならない、捕まらない。これらの子孫等が犯罪を働き続けてきた。その一例、菅総理は御曹司が真面な仕事をしないでブラブラ遊んでいるから東北新社に勤めさせた途端、官僚から菅様と言われるようになった。岸田総理は御曹司がどうにもならないから秘書官にさせた途端、岸田様と言われるようになった。今回の長野の議長の青木容疑者も政治家の御曹司であり、地元の財閥者の子である。

御曹司に親が大金の財産（数か所の店舗）を「与えたこと」が人生を狂わせた原因。

両親が青木被告に大金や財産を与えず、作物（果物）を育てる喜びや働く喜びや汗を流して現場で働く喜びを教えるべきでした。この議長の両親は真逆に大金と財産を与えたことが事件の根幹。好きな農業でも疲れる。ケガすることもある。しかし、真剣にやり続けると自ら働く喜びが出てくるのが悟り。悟りあれば、猟銃いらない。四人を殺害しない。政治家の子には、警察は政治家の子分だから、二人の警察官を簡単に殺すことができた。

・〔自公政権は旧統一教会を解散させなさい。解散させぬなら天が自公政権を地獄に落とす〕

・「田中角栄氏の孫」「後藤田正晴氏の子」は政治家にならない。弁えろ。あれだけの犯罪をやった高市氏を首にできない愚かな総理は日本にいらない。安倍晋三首相がモリカケ桜等の数々のウソの連発を平気で騙した祟りが『東京五輪中止なのだ。五輪反対者を晋三が（反日的）と決めつけたバカ』。安倍晋三が反日的な人。この祟りがエンブレム・国立競技場の設計変更。私の十年前の拙著「精神の根源は宇宙天にあり」１２１頁、東京五輪中止の予言が的中した。私は、東京五輪中止を的中しただけでなくて、晋三による人災を予言した。１１８頁、１２２頁、１２３頁、『２０１７

年問題事件』が、現在発生しているのです。

高市事件。電通事件。統一教会事件大犯罪。これも2017年問題。2の方程式に従わぬなら、これから安倍晋三の継承者（岸田総理）を地獄の根幹像に落とす。「北朝鮮は悪くない」。

アメリカは日本の悪師匠で在り、日本は米国のポチ、何時までもポチになるな、過去から、現在のこと、未来の幸せのことまで深く考えて戦争しない議論をしなさい、争いの少ない社会を構築しなさい。（日本は米国の戦争屋の核爆弾投下で敗戦した国家）忘れるな。

ところがアメリカのやっていることとは、戦いの外交継続。「自由で開かれた、アジアインド太平洋、力による現状変更を許せない」との外交は米国のこと、反省して戦争するな。

台湾と中国は一つの中国だと認めたのが米国。その米国が台湾に援助し兵器を売り捌き戦争を吹っかけた。米国が戦争屋なのだ。戦争させた米国を天が本当に地獄に落とす。

台湾の総統がアメリカを訪問した。この目的は台湾の優れた半導体と、世界最大の兵器輸出国の米国が台湾への武器輸出。アメリカの金儲けの悪策の魂胆が見えてきた。

台湾の総統も悪いが台湾の国民の考えが浅くて甘い。既にアメリカに騙されて洗脳されてしまった台湾人。（目を覚ませ戦争するな、戦争しない議論をしなさい）天の声。

このことが現実であり、既に台湾と中国との戦争が始まっているのです。ウクライナ戦争と全く同じ戦争が始まった。拙著「精神の根源が宇宙天にあり」２５６頁、にウクライナ戦争が始まり、ウクライナが再起不能になる事を２０１４年に発刊して予言した本。

これと同じだと**本書に書いて台湾と日本と中国と米国と国際社会に天神が教えた。**ウクライナ戦争を始めたのが、プーチン大統領が戦争を始めたと国際社会が言っているがそうではない。**戦争を始めたのが米国なのだ。既に米国が台湾戦争を始めたのです。**

ウクライナ戦争を始めたのもアメリカです。村山文学の総論理想の実現学を学んでほしい。これが天の予言。米国のブリンケン国務長官、よくも相手国を平気で批判するから私は驚きます。批判するならアメリカが過去に行った悪事を弁えて反省して批判しなさい。

私は米国が同盟国だから批判しているのです。批判しているだけではない。地球人類が知らない大宇宙があるから教えたのです。善なる心があれば、天が善に開運と幸福を授ける。地獄のブラックホールに人間が欲しがる宝石などが沢山ある。これが地獄なのです。

・人間「戦争」するのはペットに洗脳されたから

教えても洗脳されたから戦争を止められない。止めると全てが良くなれるのです。ペットは元々野生動物。ペットに自由を与えなさい。人間の自分主義は心の病気。

・強いかゆみ、犬からの皮膚病。
・飼い猫にかまれ感染症の病。尻尾が獣のシンボルが病気を引く。
・リンパ節に腫れ、原因は猫の感染症の病気を尻尾から引き継ぐ。
・ペットをあやせば、胃がんに罹る、尻尾が獣の象徴。引き継ぎ転移する。
・胃がんを招くハイルマニイ菌、ペットからの感染する不幸。
・台風後の風邪症状、人獣共用との感染症は自然破壊による祟り、ハリケーン等。
・歯周病はペットからうつる病気が最も多く子孫が糖尿病になってしまう。
・妊婦の歯周病は孫の代に最も多発する。

・政治の悪事、呼吸困難になる。気を付けること、鼻と口から始まる、清潔にして。
・自宅でペットを飼っていないのに、ペットの飼い主からの感染症が多い。獣に注意。
・ペットの洗脳者、三代目の後半に必ず落ち潰れる。「岸信介元総理はA級敗戦者三代目の安倍晋三元総理は**天の祟りで殺害された。敗戦した日本国」。獣人の復活を期待するな。**

・ペットと死に別れたなら、死後の二か月後に本能が蘇り飼い主に恨みを持つ。
・ペットを自宅で飼い可愛いというのは自分主義。ペットは餌が欲しいだけ、ペットを自宅で飼うと異性運をペットに奪われるから結婚成立しにくい。ペットは僻み心が汚い。
・人間に不可能だがペットに人間に勝る可能ある。ペットは飼い主の脳に宿る才能ある。
・神社仏閣あるがペット（獣）に祭神が守られているから、獣の罪を祓うこと不可能。

・人間ならペットにお世話になるな。村山文学を学び戦争しない本物の人間になれ。
・ペットを自宅で飼ったから洗脳されてネタまれたから、少子化になったのです。
・日本を戦争できる国家にしたのは、ペットに洗脳された総理だから戦争するのです。
・ペットに洗脳された総理だから、数えきれないウソを吐き騙して人間を自殺させた。
・ペットは短命、目先場当たり的下劣姑息能の菅総理だから学術会議をボイコットした。
・大宇宙の、ソムヌユルネ大神が、様々な星から自然界の全ての獣から人間の能力の全てから数々の星まで規則正しく司っている。世の悪魔が獣政権者の政治家と宗教家である。
・安倍晋三元総理はペット（獣）に洗脳された。だからすべての政策失敗。ここまで記した文章を熟読して反省してくれたなら日本の将来まで明るくなり**幸福になれます。**
・総論理想の実現学を持ち、各論理想の実現学を持ち、戦争するな。核発電所を再稼働するな。廃棄ごみ処理不可能。後で呼吸できなくなったなら遅い。全ての人間が死ぬ。

・水子のこと、外水子のことをよく知っておこう

水子のことを知っているが、**外水子**のことをよく知らない。

一、**外水子**を説明した拙著『**交神力**』第四章を熟読すると把握できます。１４３頁をご覧ください。詳しく記載してあります。

このことをあえてここで詳しく説明しない。わからない者が知ったふりして、偉い振りして、政治家になったり、（総理・都府県）の長になったり、化粧して見栄を張って心にぬくもりのない冷たい戦争精神者がいます。結婚、異性関係、子供がいない。家族・親戚・人間関係がよくない、これらの人々に**外水子**の関与があるのです。

二、水子のことを詳しく記載した拙著「**聖なる神通力**」第三章に詳しく記載してあるからあえてここで説明しない。27年前に発刊した拙著です。

外水子・水子のことを説明したこと、記載したことに間違いありませんが、幸せになれる方法について、深く研究して、実践してきたから供養方法を進化することができた。

私の進化度を説明すると、即に幸せになりたくて来会して予約する。**外水子、水子**にした責任を深く考えてほしいのです。

拙著を熟読してくださいとお願いしました。読まないで、自分の罪を理解しないで私に依頼するのです。私の説明を心に入れてください。（お墓と同じ理解をしてください）ですから、開催している、セミナーに三回参加してから**水子の供養の依頼をお願いしてください。**

天理教や真光など、統一教会や創価学会の方々たちの家族が可哀そうです。

三、「**戦争しない道の自由の女神像**」**著にて、自宅でペットを飼うなと説明した。**

安倍晋三元総理の悪策を説明した拙著。アメリカの悪策をわかりやすく説明した拙著。この地球は試練生活ですから、善悪の判断ができる人間になってください。

安倍晋三元総理に地獄に落ちると二度と這い上がれないことまで説明したけど反省も謝罪もしなかった。**ところが、**二度と這い上がれない「**地獄の根幹像に晋三が落ちた**」。私が話かけたら、すごく素直なのです。私が想定したこととまるっきり逆な性格になった。地獄に落ちてから素直になっても遅いのです。私のアドバイスを聞いて素直になればよかった。**生前中に嘘を吐かないで騙すべきでなかった。落ちてから反**

省しても遅い。

練馬産業見本市にて素晴らしい「地獄の根幹像」世界初の天授品を公開いたしました。

この地球の試練生活を誰もが努力すれば克服できる。原因があるから結果出る。幸せになる原因を作れ。獣と獣人の罪を祓う供養祈禱祝詞ある。一度博物館にいらしてください。

・放送法を歪めた安倍氏の国葬は間違い、2022年9月27日

安倍総理、菅総理、現職の岸田総理が悪魔の安倍元総理の国葬を独断で決定した悪人。

献花した国民の声、政治を知らないけど、七年八か月の総裁が殺害されたから哀悼の意を示しに来たとの声、政治の勉強をしなさい。岸田総理は安倍元総理から総理のお墨付きを頂いたのが河合議員当選の時。岸田は自分主義の悪人。だから無条件で晋三を国葬にした。

安倍晋三元総理と岸田の心が汚すぎる、（石破茂氏等）をやっつけた。（拙著「免疫

リンパ細胞若返り手技療法」参照）大阪大地震、大豪雨災害の晩、ドンチャン騒ぎの餓鬼宴会を思い出してください。二度総理になり、二度とも自ら総理職を勝手に放り投げて辞めたのに、悪事を止めずに悪事を働き続けたから、**天罰で天から**殺害されたのは当然なのです。

　モリカケ桜事件を**指示**した**犯罪は安倍**晋三夫婦なのだ（**検証せよ**）。安倍総理が**指示だけでなく、**モリカケ桜から**放送法**まで**私物化**した、安倍総理を**検証せよ。これが天の声。**

　歴史を考え、天の声を聴けば、統一教会と**岸信介元総理が悪人。**この継承者が安倍晋三であり岸田文雄総理。「北朝鮮を悪者扱いにした大犯罪」。**北朝鮮に（徴用罪）**の**謝罪も賠償もしないから北朝鮮が日本人を拉致した。安倍総理が拉致を悪に捉えた経済制裁が間違い。解決策の議論をすると戦犯罪が明らかになるから晋三が拉致解決する振りをしただけです。**

　晋三政権暴走・放送法私物化。テレ朝、玉川さんを出勤停止させた政権、菅義偉前首相の弔辞時に「広告大手**電通**が入っている」とのコメントを謝罪したが許さなかった官邸。自公党の権力による私物化の犯罪止まらない。「東京五輪の電通。発注者と受注者が同一人」。安倍晋三首相と高市大臣が放送法を私物化、少し批判されたから「左まきすぎる」「何とかしないと」との独裁者になり、ＮＨＫの国谷裕子氏、岸井氏、報ステの古舘一郎氏、古賀氏たちを権力で排除した。高市氏は放送法を捻じ曲げ正しい批判者を排除処分した本題から逃げ去るために行政文書を引用して捏造だ、捏造でなければ辞めると啖呵を切った（ヤクザみたいな安倍晋三総理と同質）、この問題は「放送法問題なのに」問題からそらすために高市氏が捏造だと啖呵を切ったから事件犯罪化した。この問題解決は簡単、野党が求めた証人喚問やれば即に解決する。行政文書に記述ある、総務省幹部、磯崎首相補佐官、山田首相秘書官を証人喚問すれば簡単に解決する。このことを実行しないから解決しないだけでなく、無駄な国会予算を使っています。自民党政権でない、野党が政権になれる土壌を国民が造れ。日本国の野球が世界一になった。あのエネルギーで国民の手で政権交代を祈願いたします。

日本国を国民の手で変えてより良い国会世界の構築をお願いします。天の声。

気に食わないだけで安倍強権は国民を自殺させてきた。その子分が高市氏、証人喚問せよ。しなければ、国民全員の選挙で政権交代いたしましょう　政権の流れを変えましょう。

安倍政権、高市氏の権力行使に正当性があればよいのですが間違いだらけなのです。「中国や北朝鮮やロシアのことについても深く考えてほしい」高市氏の**捏造発言は、独裁であり、国を私物化した思い上がりの発言です。**正義者の批判者の話を聞かずに権力で排除して潰し続けて処分してきたことが間違いです。

国民の皆さん、この間違いに気づけないのですか？ **批判者の話を聞く、批判者と議論することが勉強になり日本国が発展するのです。全てを知っているつもりでも知らないことが沢山あります。**

安倍晋三総理は独断で気に食わないからと排除して潰したことが間違いであり独裁だから指摘したのです。

安倍政権が自由で開かれた、「アジアインド太平洋、力による現状変更を許さない」との政策を実行しています。これが大きな**スローガン**ですから、政権者は、この意味を深く考えて実行してください。一概に政権に批判したから、排除して潰すことが間違いなのです。

岸田政権は自由も民主主義も忘れて知らない。実際、**批判者を排除してきた。議論**

することが自由であり民主主義なのですよ。

総理の政策は間違いばかりです。それだけでなくて政治犯罪が酷すぎる。私は間違ったことを言わない。


20冊ほどの拙著あるが間違っていない。善人を排除せずに、私との議論をして政策を実行してくれたなら、あらゆる戦争がなくなります。

政府に都合の良い情報だけを大量に垂れ流しているから「真実」よりも自分自身の感情に寄り添う情報だけを都合よく受けているから、善悪の判断不可能になったから「真実」よりも自分自身に都合の良い生活をしているから間違いだらけの政策を実行しているのです。

小泉純一郎、安倍晋三、麻生、菅、岸田総理、高市大臣の犯罪。菅総理の国葬弔辞「安倍総理の判断はいつも正しかったは嘘」。「安倍総理の全部の判断が間違っていた」天の声。

自分主義の私物化の米国のポチだから駄目なのだ。

小泉純一郎総理とブッシュ大統領のイラク戦争は政治犯罪。二十年後の今、フセイン時代が良かったとのイラク国民の声。拙著、20冊発刊して悪い事するなと教えたが謝罪しないから、天罰を下して地獄に落とす。

野球選手がユニホームを脱ぐときの挨拶、大勢の前で話すこと専門じゃないが心あるから心に響いた。政治家とは違う、書面ないのに幼い時の話も聞いた、涙・涙・涙・私も涙なのだ。皆も涙なのだ。野球は素晴らしい伝統。日本国の政治家には心がない・・・・・。

安倍夫婦が部下に指示して赤木さんに改ざんさせて自殺させた。当時、日本は法治国家だから「指示」だけでは犯罪が成立しないなどと安倍政権は罪から逃れてきたのです。

『フィリピンの広域強盗犯罪では（指示者が最高犯罪者）』。（指示が大犯罪）、なのである。安倍夫婦が（指示した森友事件）だからです。赤木さんの奥さんが可哀そうです。思わない人の心がおかしい。晋三が犯人だから検証しない、心がおかしい。反省も謝罪もしない。その汚い心、私や妻が関わっていたなら、総理も議員も辞めるとの国会答弁。この心の汚い心を天は許さない、天罰下す。

国葬時に昭恵さんは涙を流しましたね。赤木さんの奥さんの気持ちわかるでしょう？

自分のことばかり考えないで赤木さん公務員でした。なおさら**お墓参りしてください。**

最高責任者の夫婦が関わった事件。籠池氏・赤木氏に迷惑かけた。貴方人間でしょう？

拙著「戦争しない道の自由の女神像」171頁「人が死ねば終わりでない」悪を清算せよ。

モリカケ桜事件。マスク、統一教会、電通等、数えきれない犯罪。本格的に検証すると犯罪ボロボロ出てくる。国と国民を救うことになる安倍犯罪者を国葬しなければよかった。

政治の真実を隠した弔問外交を国民に鵜呑みにさせた。

与党が真実の報道をしないで**放送法を牛耳り**情報操作の**国葬**。外国から多数の要人来る等も嘘吐いて騙した国葬。白けた国葬。**安倍元総理の犯罪を正しく報道しなかった。**

外国人も、日本人も知らないことを書いてある電子書籍、**「悪事の反省ないから戦**

争する」熟読をお願いします。天の物を私物化してはいけない。

安倍夫婦が自分自身の森友事件の犯罪を権力でもみ消した大罪。嘘吐いて騙して改憲成立させた祟り『私たちが戦後に学んだ大切な日本国憲法体制を転覆させるために嘘吐いて騙したのが安倍元総理夫婦』。自民党の党是主張。国民と国会を無視にして私物化した総理。

国葬も同じ。これでは、**総理が明日から戦争すると言えば戦争になる。このような危険な戦争する国家を作ったのです。ですから日本学術会議が必須。**このことを国民は知らない。

戦争拒否不可能国家になった。悪権力暴走国家を許してならない。これだから日本国は必ず戦争して必ず日本国は敗戦する。日本国の政治家は獣政治家ばかりです。安倍晋三総理の先祖代々から負け戦を数えきれないほど繰り返してきた血統の獣人。

・晋三が東京五輪反対者は反日的だ、あんな人に負けていられないと秋葉原で叫んだ。

・祖父信介が第二次世界大戦のA級戦犯、北朝鮮に賠償しないから拉致されたのです。

・A級戦犯の信介氏の祖父たちが、朝鮮戦争の内乱で敗戦して日本に渡来した人たち。

ですから、目の前だけを考えた姑息的な場当たり的な政策ばかり実行しているのです。

戦争屋を二度と総理にさせていけません。目先のことしか考えられない狭い心が獣人。

東北新社、日本学術会議、NHKの国谷アナウンサーを気に食わないからと権力で一方的に首にした。裏取引が多い自公与党、これでは日本国がブッ壊れてしまう政治犯罪国家。

自公与党は、どれもこれも、駄目な人材ばかり。心が腐れて財産まで腐れてしまった。

天の代行者の私の言葉・既存の政治家にも宗教にも天に使える人はいません。

権力者で権力をおもちゃ同様に扱った獣人の晋三氏は悪政策の中味を隠蔽した、パフォーマンス屋であり、見せかけのイベント屋であり犯罪者なのであった。

安倍総理だから公文書改ざんさせた。モリカケ桜事件も、安倍晋三総理の腹心の友である加計孝太郎だから、**無償で加計学園を作ってあげた安倍晋三の行政を「私物化」と言う。**

（1）の方程式。安倍晋三が天の権力財産を「私物化」した祟りが天罰。

（2）の方程式。「私物化」の戦乱者を天罰で地獄の根幹像に落とした。

（1）（2）の方程式に当てはめると、天の権力と財産を安倍晋三が「私物化」して加計幸太郎に差し上げた。だから天が安倍晋三を地獄の根幹像に落とした。天が晋三を殺害した。

安倍晋三総理が身内（腹心の友）の加計孝太郎に財産を差し上げるために「私物化」した。

晋三が天の権力と財産を「私物化」した。（森友事件はいらない小学校を作った犯罪）。

ですから天が安倍晋三を殺害して地獄の根幹像に二度と這い上がれないように落とした。

本書第四章をご覧ください。

政治家と宗教家は自分主義の「私物化屋」なのである。このことについて逃げないで、立ち止まり、深く考え議論してください。

先祖返りの安倍晋三元総理の政治犯罪なのです。モリカケ桜から、アベノミクスの失敗に気づいていません。経済崩壊、原発再稼働。メチャクチャ、日本の一流企業だった東芝をブッ壊したのも自民党政権の犯罪でした。「精神の根源は宇宙天にあり」書、安倍晋三元総理の政治犯罪を歴史に残した拙著。人間としての最も大切な根幹、「戦争しない道の自由の女神像」書「まえがき」、白宅でペットを飼ったから、人間の頭脳狂った。廃棄処理不可能なのに原発再稼働したのは獣人の脳だから将来、未来の生活を考えられないから戦争することばかり考えて生きているのです。

シリア・イラク・アフガニスタン・ウクライナなどの国があります。再起不能。不幸になるばかりです。深く考えなければならない重要なことがありますから皆で考えてください。（戦争しない道を議論すればよいのです）。

自民党が統一教会の被害者にカネを配り支援救済するという。これは節操なさすぎる。みんなが幸せになれる方法を考えられないのは獣人だからです。
自民党党員が地獄に落ちることを未だにわかっていない。各宗教から票を貰い政権維持してカネになればよいだけの単純な人が政治家になっているのです。
これだから世の中がブッ壊れて人間らしく生きて行けない、死ぬことできない、ただ、ただ生きているだけの、世捨て人が実在していることを覚えてほしい。

「統一教会」と「創価学会」等が、できてから、**心の問題、心の病気になった人が非常に多いのです。この世は死ねば終わりでない。先祖代々を大切に扱ってください。**（私の意見に不満あれば遠慮なく取り上げて、公の場で議論いたしましょう）。**いつまでも、「触らぬ神に祟りなし」では、何一つ解決しないし、繁栄もしません。**

『天の声』、米国白人は、体が大きい、国も大きいが、**心と考えていることが小さい。「米国はロシアと中国と北朝鮮を敵国にして勝つことだけを考えた生き方」。米人と日本が同盟国だから批判したけど全部の白人政治家と宗教家の心が小さすぎる。特にアメリカの政治家の頭の働きが小さくて狭い「場当たり的、姑息的」な考えだから将**

来や未来を考えられる頭脳がない。本書、第二章、（4図）をご覧ください。大宇宙の別天天国があります。

この図の上部の右にあるバナナのような絵図がある。ここで生活している人々は死なない永遠の世界。あの世界に白人は一人もいない。私たちの生活場に白人がいるのは突然変異の白人なのだ。分かりやすく説明すれば遺伝子組み換えによる大豆と同じである。

イスラム教の世界の女性が頭に黒っぽい頭巾をかぶって生活しています。それに女性に教育を与えない社会は間違いですから、男性と同じ立場で生活できるように、**私のお願いであり天の立場から、お願い申し上げます。**

目先のG7広島サミットのために電撃キーウ訪問をしたのは、米国の後ろ盾で岸田が活動しただけのポチ。だから（4図）を説明した。米国に（4図）の頭脳あれば「イ、ロシア、中国、北朝鮮を敵国にしない」。日本の岸田総理も戦争中のウクライナに行かない、行ったところで何にもならない。**白人**の**大統領**や**首相**だからウクライナ訪問したのだ。

白人の頭脳が良ければ「場当たり的、姑息的」な政策を実行しない。ここまで考えられる人間なら戦争しない。白人米国が良い頭なら、表紙の3平和の第一条件を達成していた。

白人米国大統領の後ろ盾で、岸田総理がウクライナ訪問していた。既に白人の大統領や首相たちはウクライナ訪問をしていた。白人頭脳は単細胞の姑息頭脳だから未来、将来、遠い世界まで考えられない。岸田総理は莫大な大金を献金した。G7サミットだけを考えて電撃訪問しただけのこと。未来を考えていないからサミット終わればふりだしなのです。

地球の政治家は自分主義のいい加減な私物化の獣人間ばかり。目先のこと、場当たり的、姑息的なチッポケな心だから次元から低い。それに心も小さくて狭いから希望も夢も小さい、自分主義であり利己主義。主義に拘り権力に拘り、権力を自分の所有物にして私物化した。権力と財産は天の所有物だから私物化するなと天が教えているのです。

地球の権力も財産もアメリカやロシアや大国の物ではない、天の物である。

1、キリストを「磔」した。悪白人がキリストを殺害「悪白人がキリスト教会作った」。
2、悪人が、聖徳太子を殺害。悪人が法隆寺を造営した。この世の寺院仏閣は悪人の物。
3、悪人が、大国主大神を殺害。祟から逃れるために、出雲大社を造営したのである。
4、悪人が、菅原道真を殺害した祟りで眠れなくなったから、太宰府天満宮を造営した。
右記のこと、「戦争語録忘れたか」１２８頁に詳しく記載したから熟読をお願します。

米国も日本も獣悪人が建造したのが既存宗教。宗教と政治が結託した戦争殺人獣国家。

世界一、大きいキリスト教を用いて地球人の生活を説明する。

この地球を支配している既存宗教は悪人組織である。ですから、悪人組織の宗教だから地球人は必ず死ぬ。この地球は天に祟られた獣人だから試練生活であり、全員が死ぬのです。

米国白人は獣人の**悪人**です。

本書第二章に記載したこと、米白人は大宇宙の別天天国で出生した人間ではない。突然変異によって誕生した人種なのだ。

ですから、天の代行者の話を聞いて心の改善をお願いします。

私が口うるさく説明していること。戦争するな、人を殺す戦争するな、戦争しない議論を国連で**しなさいと教えているのです。この議論をしないのが白人米国。中国は和平提案、イランとサウジアラビアが和平合意した。米国は分断図り戦争誘導屋だから騙されるな。**


キリストもマリア様も善人です。その善人を「磔」したのが、米白人等のキリスト教団。この現実を素直に本書で学ぶこと。

野球にも、サッカーにも、『平等なルールがある』。全世界の人々たちが楽しみエネルギーを貰って夢と希望を貰って生活しています。ところがこの生活をブッ壊しているのが**『米白人等のキリスト教団である』**。

これまでの**戦争事例、**「20年前の**イラク戦争、米ブッシュ大統領が大量破壊兵器な**

いのに、米ブッシュが悪いのに正当化し、イラク戦争してフセインを捕まえて、話もしないでブッ殺した米悪国家」。その戦争の償いもしないで一方的に偉い振りして威張っている、イラク国民を困窮させているから、フセイン時代の生活良かったとのイラク国民の声。未だに困窮中・暴動化。米国悪魔だから戦争と経済制裁中ですから。英国も仏国も国民の暴動化。

現在行われている「ウクライナ戦争の発端、アメリカが企んだ戦争」。十年前の拙著「精神の根源は宇宙天にあり」２５６頁だけでも熟読ください。十年前に米国が計画的にウクライナに侵略してロシアとの親戚・友人関係をブッ壊して分断を企てて戦争を企み見えない戦争を始めたから、私は十年前に「ウクライナは再起不能なのだ」との「予言」した。一般人は戦争が終わっていないから、未だに私の予言を信用できない。ですから場当たり的な生き方をするなと教えた。何時までも戦争することだけを考えるな『私を誤解するな』。

- 本書を最初から最後まで熟読し内容を把握しないと私の気持ちの理解難しい。

現在のアメリカに、大きな政治政党が二つある。「共和党」と「民主党」がある。

・民主党がバイデン大統領。ルールなき戦いをやっている。
・共和党が元トランプ元大統領。ルールなき戦いを継続中。

スポーツは対等であり、平等なルールがあるから人々が安心して熱中して応援して力を貰って元気に活動しています。

アメリカにはルールなき政治政党がある「民主党」と「共和党」があり戦い続けて米大統領が世界をリードしているとの豪語なのである。国内の悪問題から外国への悪問題を産出している汚い国家なのである。

米国大統領が悪事を働いても民間人と同じに逮捕されないから自分主義であり利己主義なのである。ですから、この地球の人類社会が一歩も進化しないだけでなくて逆に、退化していることに気づけないのです。

その気づけない原因を教える。「**村山文学の総論理想の実現学**」を知らないからです。

本書・第二章（4図）に少し説明した、詳細拙著「**大宇宙の別天天国に行く**」第六**章をご覧ください。要するに、米国は「天」を知らない「天神」を知らないから平気でこれまでに悪事を働き続けてきた。**そうして米国民がこれまで**米国大統領を天神扱いにしてきた。**

アメリカ国民も大統領も、これまでの地球での生活を満足しているのでしょうか？幸せなのでしょうか？　この現実を知っていましたか？　おかしいと内心では思っていたのではないでしょうか？　先ほど紹介した拙著、２０２０年発刊。この英訳電子書あれば米国民に理解していただけると思います。

米大統領は「天」でも「天神」でもない。ハリケーン・異常気象でも、火星を好き勝手に操作できないのです。天が大宇宙の別天天国から地獄まで全てを司っているのです。

『ここでは控えますが、天には天の作用があります』。

ですから、米大統領が悪事を働いたなら逮捕すれば米国も国民社会も発展繁栄する。日本国の野球・サッカー・スケートなど、色々のスポーツが発展し繁栄しているのは、その選手たちの心が**清く美しいから日本のスポーツが発展繁栄しているのです。**

「安倍晋三は大バカ者である。桜を見る会で１１８回、森友学園では１３９回の虚偽答弁した日本政府が晋三を罰せよ」。政府が罰せぬなら、**天が天罰を下すことにした。**

「アメリカがこれまでやってきた虚偽政策。犯罪を反省せずに相手を責めた政策を実

行したからアメリカ政府が犯罪者を罰せよ」。罰せぬなら、天が天罰を下すことにした。

証人喚問せよ。善に天が開運と幸福授ける。悪に天が天罰下す。

第七章

大宇宙の女神像を天から授かった経緯

大宇宙の別天天国の天神から「戦争しない道の自由の女神像を天授された経緯」。野球のＷＢＣ優勝は天寿である。ルールを守り、誠実な精神に天が開運と幸福を授けた。

その開運根幹拙著「戦争しない道の自由の女神像」書に詳細に記した。

これとは真逆な悪党が自公与党政権である。

岸田現政権が、何から何まで悪魔政権なのである。罪を反省せずに毎日権力で開運をぶっ壊し続けています。ルールを守らず、精神に誠実がありません。国会での野党の質問にも誠実な答えがありません。

政治家と戦争屋は、スポーツ選手のようにルールを守れ。言い訳を言うな、脅して正当化するな。善悪の判断できる人間になりなさい。

一、小泉元総理、安倍、高市、萩生田、甘利、下村、細田、萱、岸田、自民党政権は地獄に落ちる。世界に届いた野球ＷＢＣ優勝「野村野球実った」。日本は米国のポチでない。

二、水原、川上、長嶋、原、読売巨人軍、正力、渡邊氏と共に、自公政治政権時代は去った。拙著「交神力」30頁参照、私は、１９９７年に発刊して教えた。野球ＷＢ

C優勝実績、野村野球にある。古田、高津、稲葉、栗山、ダルビッシュ、大谷、村上たちの活躍があり日本国民が喜びました。スポーツにはルールがあるから楽しむことができたのです。

何度も政治家にスポーツ選手を見習えと教え続けてきたが自公政権党も読売巨人も駄目。（その一つのルールが戦争しない議論なのだ、国連でやること）なぜわからないのか？

米軍の基地が日本国にあるから地下水まで汚染されて飲めなくなった、小川が汚染され海に流れて汚染されています。魚や海藻まで汚染された魚介類等を人間が食するからいずれ人間が死ぬ。このことも現実であり常識なのです。これでもわからないのか？　馬鹿だよ。

人間は頭が良さそうですが、自公与党政権と読売巨人軍の経営者は勝てば良いだけの汚い頭脳ですから心身まで汚染された病人になってしまいました。

スケート、サッカー等のスポーツが沢山あり発展しています。それにはルールがあり、ルールを守り、素晴らしい、凄い、幸せを貰って、国民に喜びと生きる力を与え

てくれた。

自公与党はスポーツと真逆な道を進んでいます。ですから「野村野球」の指導良かった。

米国と自公与党は地球を汚染させてしまったから、人間がニワトリと同じに無傷に死ぬ。その責任をとりたくないから、戦争してガラガラポンにすると言っています。

政治家は、どれもこれも無責任。拙著「**日本丸はどこに行くのか**」68頁参照。

一と二の考えでは、人間生活が滅びる。私は天の代行者ですから、２００４年に発刊して教え続けた。現在のアメリカにも日本にも戦争しない平和の心がないから野球ＷＢＣの優勝で目を覚ましてほしい。そのための拙著「**戦争しない道の自由の女神像**」を発刊した。

本書「天が善に開運と幸福を授けた」第五章・天国に導く供養塔像、その二を説明する。

人間が幸せになれないのは、浮かばれない不成仏霊がいるからです。お墓でも仏壇でも供養されてない死霊が人間の体に憑依しているから幸せになれない。不成仏霊を供養して幸福を授けるのが、その二の供養塔像である。自公政権は死霊を供養せずに戦うことばかり考えているから**日本国民が不幸です。物価高は同盟国の米国が経済制裁したからです。**

アメリカのスポーツ界が日本人の心を学んでいます。野球が強くて優勝するからです。米国政権と日本政権には、スポーツのようなルールがないから**戦い続けている。**

戦争すると不幸になることを知らないから石垣島に自衛隊の駐屯地を作ったのです。

私は第二次世界大戦後、農家でありながら食べ物がない時代に育ったから苦しみを知っている。自公政権は国民の生活を考えないから安全保障ばかり考えています。私は戦争したくないから、してほしくないから、**戦争しない方法を考えているのです。**

自公政権は敗戦したならガラガラポンにする政策しか考えられない政党なのです。

私はガラガラポンにする話を聞いてビックリした。将来の幸せを考えられないのです。

自公党政権は「権力を最優先にして、天を知らないから天神になり、悪天神様になり、正しいルールを壊して、戦争するルールを作るな」と教えた、天の所有物である権力、財産まで私物化して独裁者になり経済制裁して物価高にした岸田政権を許せない。

天がスポーツに光を与えた拙著「戦争しない道の自由の女神像」書。スポーツには、正しいルールがある。政治家と宗教屋には、ルールがないから戦争してきたのです。

スポーツ界の全ての精神心理も競技技能も進化した。第二次世界大戦後、八十年経過したが未だに日本国と米国の宗教屋と政治家には戦争しない議論がないのが、これがおかしい。

再度提起する。「国連に戦争しない議論場と局を作れ、国連で戦争しない議論すれば戦争なくなる。「スポーツにはルールある」。「戦争しない議論が（ルール）。戦争しなくなる」。

・スポーツ選手の目的、金だけではない、勝だけでもない。村山文学を知っています。

・スポーツには、「ルールがある」スポーツ選手はルールを守り活動しています。

・政治家と宗教屋にはルール（議論がない）。スポーツと同じに戦争しない議論をせよ。

宗教屋と政治家は結託するな。「宗教」と「政治」と「国民」は平等精神でなければ

ばならない。本書の第五章・金木を作り、獣と獣人の罪を祓う供養祈祷祝詞を奏上祈願して**供養**すると人間が幸せになることを確認できた。「天が善に開運と幸福を授けてくれる」ことが明らかになった。このことを地球人類すべての人々が、病気にもならずに健康で、貧乏にならないように天が護ってくれているから健康になれるのです。
幼い時から悪いことをしないで、良いことをすると天に報われる、報われていたから幼い時から誰からも教えられないが、天が私に宝物を授けてくれたから救出できるのです。

山形県の羽黒神社や月山神社に一人で参拝に行っていた。その時にもらったのが**大国主大神**でした。この神様には沢山の仕事がある。名前も複数あります、大己貴之大神であり、大黒神でもある、大物主神でもあります。拙著「聖なる神通力」19頁参照。
神々の系図は「戦争語録忘れたか」１４６頁を参照してくだされば確認することできる。

山形県にある、羽黒山神社に、一人で参拝に行った時、私にとって「大国主之大神の御神体」を貰っていたから、大切に天津神前に長期間、お祀りしていました。

ある日、会員の神通力者が病気になり玄関前の榊が通路に邪魔になっていたので、来年に芽が出るとの気楽な思いで切断した。

そうしたら、春になっても芽が出ないから土を掘りました。そうしたら、その土の中がピカピカと光り輝いているのです。その物体が、**天が作った「地獄の根幹像」な**のでした。

このように天が私に初めて「地球人に授けてくれた」貴重な宝物なのです。

この地獄の根幹像には不思議な天の作用が働くのです。

一例として、天の作用を簡単に紹介する。第四章・地獄の根幹像、「9」の写真をご覧ください。撮影者は窪内真宏氏の提供写真です。貴重な天の作用、手前で撮影したのに本人の顔が写真に映し出されていたのです。

先ほど、岸郁子氏の提供写真を紹介した、お尻が天の作用で自動的に動く。と紹介しましたが、世界中の研究者のために、もう少し詳しく説明する。スマホにある写真のことです。この写真のお尻の穴、直腸が天の作用により、お尻の穴部分だけが自然に動く。世界中の研究者のみなさま、ぜひとも消えてなくならないうちに来館して研究して覚えてください。研究しなければならない天の作用が沢山あります。人間が作ったものではありません。

書面では説明不可能な部分が沢山ある、**博物館にある、予約費用4000円、1時間。**

・羽黒神社、出羽三山神社へ

「大国主大神の御神体を貰った」。買ったのではありません。貰ったから値打ちがある。

大昔に貰った恩がありますから天の声を「羽黒神社に伝えているのです」。

いつものことだが、政治家と宗教が結託して、国民の幸福を考えないで自分主義、利己主義に生活活動してきたから、大昔から一ミリも進化せずに退化したと言い続けてきた。

大国主之大神の気持ちを世界に伝える。天照大御神の孫がニニギノミコトである。ニニギノミコトが大国主之大神を殺害した。ニニギノミコトが、俺が勝ったなら、国土を取る。負けた、お前には天国をやると自ら公約していた。

その当時の天照大御神は威張り腐っていたからニニギノミコトも安倍晋三首相と同じに威張り腐り嘘吐いて騙し続けていた。

大国主之大神は現在の野球の大谷選手と同じであり、世界的に慕《した》われた優しい力持ちであった。ニニギノミコトが妬《ねた》みをもち、鹿島神宮を携《たずさ》えて奈良から出かけて、大国主之大神を殺害したのである。

なお、「ヤマタノオロチ」と言う伝説がある。このヤマタノオロチは天照大御神の子であり、親戚であり八人である。

現在の人間の知っていることは、過去の天照大御神の力の古文書を熟読して覚えただけで本当のことを知らないのです。

天照大御神の継承者がやっている儀式も、出雲大社のやっている儀式も、須佐之男大神に「毎日謝罪の儀式から始まる」そうして、熊野本宮の力を貰って、六十年に一度の遷宮祭を行っているのです。

現在の人間は、過去の神の良いところばかり取り入れているが、全体を覚えなければ別天天国に行くことができないから村山文学の総論理想の実現学を教えているのです。

ですから、出雲大社の儀式も、天皇陛下のやっている儀式も、葬式で使用するクジラ幕であり白黒幕なのである。

天皇陛下も普通の人間なのです。神ではありません。人間ですから色々の事件も事故も発生するのです。現状の象徴でよろしいのです。私がここに書いた内容を素直に受け入れて生活してくだされば気楽に穏やかに生活できます。

さきほど説明した「**神の世、毎日謝罪の儀式から始まる**」のです。このことが大切なのです、「**A級戦犯のやったことへの謝罪**」せよ、なのです。**北朝鮮の徴用工に謝罪せよ。賠償せよと天が教え続けているのです。**

ところが、自公政権、安倍晋三首相から岸田文雄首相も北朝鮮に謝罪せずに、経済制裁したことが大犯罪。悪いことは悪い。**岸田総理も悪いが気づけない人も悪い。**気づいていたなら世の中改善できた。本書で**米国に教えたこと。アメリカは歴史が浅いから知らない。**

「善なるキリストを磔」。再度説明する、「黄色人種のキリストを白人が殺害して、白人が悪のキリスト教を造ったことが最悪なのだと何度も教え続けてきた」。改善しないから、キリスト教とキリスト教が戦争を繰り返している。(この戦争は永遠に続く、天の声)

白人は戦争しないでいられない病気なのです。白人にも村山文学の総論理想の実現に感動する人々たちもいるとの思いで発刊した。

天照大御神もニニギノミコトも、「同等及びそれ以上の神々は敬遠しています」との記載。1995年発刊拙著「聖なる神通力」117頁に記したからご覧ください。

ニニギノミコトも天照大御神も天神に嫌われていることがわかったと思う、なお伊佐奈岐大神も大悪神だが、心から改めたから、祓いの職業を須佐之男大神が与えた。

山形と言う神の地を説明する。

拙著「大宇宙の別天天国に行く」と言う素晴らしい拙著を発刊したが悉く地元の議員にやられた。ライブをやるのか？　何をやりたいのか？　その話を聞いて唖然、次元が低くすぎて話にならない？

これと同じに、キリストの話を聞いたことがあった。キリストも、地元の人から同じことを言われていたのです。

この現状を弁えて、遭《あ》えて羽黒山神社に話をしているのです。

国宝ですから、その敷地に作れないことを知っていて、話をしているのです。

羽黒山神社、出羽三山神社、地球全体に、デッカイ発信をしているのです。

天の代行者の私が地球全体を救う大事業を提案したのです。

ところが、キリストを磔、殺害した、大国主大神を殺害した。その祟りで、夜眠れなくなり、うなされて不安心配性・精神分裂症になり困窮して苦しくなり、仕方なく50メートルの上空に、大国主之大神のお社を作ったのです。

なお大国主之大神の祟りは天下一品の大天罰をニニギノミコトに与えた。

この祟りが現在も生きています。ですから天照大神は現在も上位の天神に強い祟りを与えられて苦しんでいます。ですからニニギノミコトは結婚しても離婚、神社の祭神にもなれませんから地獄の根幹像で生きているのです。

拙著「戦争しない道の自由の女神像」の表紙をご覧ください。全体を見ると観音様のように見えて観音様の顔にも見えます。

観音様の顔に見えたのが、羽黒神社から頂いた、大国主之大神（大己貴之大神・大黒神）なのです。**天の作用ですから、**色々の姿や顔に見えて、それでよろしいのです。

私の命名、「戦争しない道の自由の女神像」なのである。

羽黒山神社、出羽三山神社**から頂いたことからの始まりを説明しただけのことです。**

私は幼い時から、神様が大好きで、普通の人間ができない才能が欲しい憧れが心の中にあったことが確かであり、その時の気持ちを今思い出して説明したのです。

拙著「大宇宙の別天天国に行く」「戦争しない道の自由の女神像」の表紙の絵は同じ表現なのです。

50メートル上空の社と、自由の女神像は同質の天神なのです。この天津天神を地球のどこかにお祀りしないと、この地球に戦争しない平和が訪れないことになっているのです。

山形の神の立地を説明する。

世界中に沢山の宗教はあるが、どこにも、過去から現在にも本物の天神がいない。

先ほど、「天神を地球のどこかにお祀りしないと、この地球は戦争がなくならないし平和になれない」と申し上げました。

大昔には瀬戸内海で戦争ばかりやっていた。水軍が強かったのですが、敗れて負傷した、大山津見大神（大山祇神）が、湯殿山に鎮座しています。昔から鎮座神、大国主之大神と少名彦之大神である。天のことを簡単にわかる拙著「聖なる神通力」あります。

羽黒山神社権現、でもあり、大国主之大神であり、大黒神でもある。終着点でもある。

出雲大社がある場所が出雲ではない、ニニギノミコトの罪を祓うために建造した出雲大社なのである。

現在の出雲大社に、五十メートル上空に聳《そび》える天社を造営することは不可能なのだ。仮に建造したなら、天に祟られて、天罰下る。ですから先ほどニニギノミコトは、地獄の根幹像に居ると説明したのです。

織田信長の子孫が山形にきて、戦争しない、将棋を作ったのです。このように戦いに失敗した人も神も山形にきて悔いを改めている終着駅なのです。

あとがき

アメリカが悪くてロシア・プーチンが良いと言っているのではない、双方共が悪いのだ。

アメリカには戦争研究所があり報道しているが内容は姑息的すぎる。未来志向ゼロ。ウクライナ戦争犯罪者をロシア・プーチンのせいにしたけれど米大統領も悪いのです。

私は、十年前にウクライナ戦争を予言した。なぜなら米国は戦争が生きがいの犬人だからです。拙著「精神の根源は宇宙天にあり」256頁にウクライナ戦争を私が予言したから、熟読お願いします、再起不能になるのだ、とのことを記載していたからご覧ください。

この種の「政権への批判書を各出版会社は引き受けない」。それだけでなく予言書だから間違うと大変なことになるから断られた。これは当然ですから自社が出版した特殊な本。
・素晴らしい神通治療で病気を改善させる療法を説明する。(戦争は両方ともに悪い)
普通の民間療法にはトラブル発生事故を聞いたことがある。私はそれなりの実績を示して神通治療施術を三十年以上実施しています。一例を説明する。拙著「がん免疫リンパ増殖手技術書」21頁参照。敬愛病院付属クリニック、院長知久正明先生、私、村山政太郎が一年半勤務した。この拙著発刊に当たり出版会社の指示により神通治療施術者氏名を公表した。なお、86頁参照、現在でも、練馬区主催の、神通治療を毎年実演参加しています。

あらゆる病気のなかの難病、膠原病、がん等もそれなりに改善したが「心の病気」、うつ、不安心配性、統合失調症が非常に難しかった。被害妄想、パニック、めまい、不整脈、頭がボーっとする等、同じ繰り返しの無料の電話相談入り「やるせない」気持ちなのです。

このような対応は各国々の国家や宗教がやるべきことなのです。何故何時までもホッタラカシナノカ?

このような悩みを解決できる等と書くとジャンジャンと電話鳴る、本当に治るには心の改善が必要。まず村山文学のセミナーに参加してください。それと本書を熟読してから参加してください。本書の表紙の、タイトルと、サブタイトルの内容を把握し

てください。それなりに記載している内容を把握してください、戦争しない議論できる人間になってほしいのです。

心の病気を改善する神通治療

本書、第五章・開運に導く天の作用、その二。重要ですから把握のこと。少し説明すると、拙著「戦争しない道の自由の女神像」に記した。第三章・獣と獣人の罪を祓う供養塔像を世界で初めて私が授かった貴重な宝物です。

アメリカが偉くて立派なことを公言するということが間違っています。戦争してはいけません。戦争しない議論をしなさい。アメリカは天神ではない、米国はハリケーンも竜巻も異常気象もコントロール不可能。低級な戦争の犬種作り屋がアメリカ。米国は最高位の天神ゼロ国家。

これまでアメリカの政権者は不幸になる戦争を推進してきた国家である。

戦争しない議論ができない目出度い犬国家なのである。戦争することばかり考えて生き続けてきた恥ずかしい国家。戦争勝利することばかり考えているから戦争するのです。

それだけでなくて、天が善に開運と幸福を授けることも知らなかった。本書の第五章にてわかりやすく説明した。そのほかに本書の第一章、第二章、第三章、第四章、第六章にこれまで悪事を働いてきた悪事を改善して幸せになれる事例を詳しく説明した。

本書を熟読すれば幸せになれることまで具体的に記載してありますから、熟読をお願いします。本書を読んでも理解できない人もいると思う。反発したい人もいると思う。遠慮せずに**批判してください。数十年後になると私の予言が悉《ことごと》く的中する。このことも天の作用なのです。これまで**政治家と宗教屋との悪結託が自分主義だから悪かったのです。

本書の内容、人間が人間の顔をしているが獣人だから、戦争しなければ平和になれない思いなのでしょうか？　獣人だから、戦争すると平和になれるとの思いで戦争してきたのです。

地球の政治家が戦争や戦いの話ばかりして戦争しているから、心が不安心配症になり生活環境が崩れて様々な病気や災難に遭って困窮しているから少子化なのである。

右記のような心の災難を解消する方法を天が私に天授してくれたのが、「獣と獣人の罪を祓う供養塔像」と「獣と獣人の罪を祓う供養塔像・その二」で全ての人間が幸せになれる。

・天が善に開運と幸福を授ける。天が天の作用で全ての人間に幸福を授ける

このことが現実です。この現実を地球人類の全ての人間に伝えたいから、私が執筆活動して教えているのです。「獣と獣人の罪を祓う供養塔像」に正式に祈願すると二十年間以上苦しんだ精神病、神経病、不安心配性、膠原病、難病が改善された。これが天の作用。

天の予言、キウイと第三の街に核爆弾投下する。２０２３年4月4日予言日

拙著「**戦争しない道の自由の女神像**」書でも教えた。教えたが戦争を止めない、中国が仲裁したけどアメリカが戦争を止める代案を考えずに中国を批判したことが間違い、この間違いをアメリカが心の底から深く考えなさい、「**戦争の犬種作り屋がアメリカ**」。

ロシアがウクライナに二発の核爆弾を投下する、必ずアメリカがプーチンを批判する。

この批判が真逆に働くとの教えが天の声。

米バイデン大統領はロシア・プーチン大統領を批判すると国際社会は支持せずに、反対されることを考えられない犬人間なのである。

（ウクライナ戦争は白人のエゴイズム。憎しみ残り、苦残る馬鹿な白人の習性を改善せよ）

米大統領は深く考えなさいと天が教え続けた。少しヒントを加えて**質問**する。米国が中国や北朝鮮がロシアに武器を供与すると猛反発する？　米国が**過去**に日本国の広島と長崎に核爆弾投下した**理由**。**戦争を止めさせるために核爆弾を投下したことを正当化した？**

ＮＡＴＯはこれまでに大量の武器をウクライナに供与した。今回も大量の戦車等を供与し**戦争勝利に邁進中**。これが**犬人の特徴？　なぜ犬人の米国が戦争止められないのか？**

天の予言、戦争の行き着き・・・**ロシアがキウイと第三の街に、核爆弾を投下する。**

人間が大量に戦死し空気が汚染して人間が生きていけなくなる。それから米国がロシアを批判しても国際社会は米国を支持しない。戦争しない議論しなさい。わからないのか？

アメリカが過去に日本国に核爆弾投下した米悪国だと先ほど教えた。ロシアがウクライナに**核爆弾投下**してから、**アメリカはロシアに文句を言えない立場**。「**仮にロシアに文句を言ったなら、天が米国に天罰を下して地獄の根幹像に落とす**」。これが天の声である。

今回の**ウクライナ戦争に関与した米国大統領を国際社会**は、誰もが支持しない。

地球の終末とはこんなところから始まる。米国が犬人だから経済制裁したのだ。地球全体が物価高になり地球全人類が**米大統領の経済制裁のお陰で困窮生活しているのです**。

中国が戦争の仲裁を行った。獣米国は文句を言ったが戦争仲裁に動かない獣国家。

米国に天が質問する、戦争に何の大義があるのか？　天の質問に答えなさい。

獣人の岸信介と安倍晋三政権から岸田総理も大詐欺政権。戦争で北朝鮮の徴用工に強制的に戦争や労働させて償いをしないから、**北朝鮮が日本人を拉致したのだ。**

「**北朝鮮は悪くない。悪いのは日本国である**」。**自民党政権は選挙の度に、**今回のG

7サミットでも、拉致家族と政府が結託し詐欺を働いた。「2023年5月4日、ワシントンで米高官と面会し記者会見し拉致問題最優先解決を訴えた、この詐欺事件の写真が大きく報道された。この手法は国政選挙時と同質。政府は北朝鮮と拉致問題を一度も直接に交渉せずに自民党と拉致家族が公費を使い事件を煽り宣伝し益を共有した大詐欺事件だから逮捕せよ」。北朝鮮との和解交渉を一度もせずに、無条件で北朝鮮と交渉すると発言したが一度も交渉しない詐欺犯罪。危険を煽り、Jアラートを鳴らし危険を煽った。岸田政権を逮捕せよ。天の声。北朝鮮の徴用に謝罪も賠償をしないから日本人を拉致したのだ、経済制裁中止せよ。

私は天の代行者として沢山報道してきたが、多くの国民に届かなかったが、今回こそ政府政権党と国民の隅々まで届けるために本書を発刊したのです。何時までも騙されるな。

注目一「政治家が他国と戦争しない議論せよ。憲法九条に自衛隊を書き込めば国民の命と財産（暮らし）を守れるとの答弁。これは間違いです」。国連や国際社会で戦争しない議論すれば国民の命も財産も守れる。戦後の80年間、戦争しないから国民の命と財産を守れた。

注目二「**北朝鮮の徴用工に謝罪、賠償しないから30年後に日本人を拉致したのだ**」。**安倍元総理が謝罪も賠償もしないで「拉致を一方的に悪とし経済制裁と圧力をかけ続けているのが胸に青リボンを付けた悪魔の政治戦争屋**」。**北朝鮮に謝罪と賠償すれば拉致問題は簡単に解決する**。戦争屋が戦争し大儲けしたいから憲法改憲し戦争する日米の戦争屋の企み。「戦争しない議論を国連でしなさい。天の声」

注目三「頭のない菅義偉元総理。日本学術会議が推薦した学者を任命拒否できたのは**頭の問題。村山文学**の総論理想の実現学を学び戦争しない議論すれば簡単に戦争なくなる」。

この世は**試練生活**です、**全体を考えるのが村山文学。この精神が人間としての根幹。これを習得するには試練生活を正しく克服してください。悪いことをするな**。なのです。

これまでに、多くの天の声を教え続けたが、聞き入れる頭がない。石垣島にも戦争する基地作り。「**沖縄県宮古島付近で十人搭乗した陸上自衛隊ヘリが行方不明事故**」

これも一つの天罰。国民の皆さん、深く考え議論してください。考えれば誰にもわかる天罰。自公与党政権の戦争論議が悪すぎる、これから遠慮せず、天の祟りの天罰で地獄に落すことにした。

北朝鮮が核ミサイル開発しているのは、北の徴用工に謝罪も賠償もしないで経済制裁と圧力をかけ続けているから、日米韓の軍事力に負けないために核ミサイルを開発訓練中です。

拙著発刊して三十年になる。「政治と宗教」は何一つとして進化しない、退化して人間関係がドロドロと汚れて清き流れがなくなってしまった。

特に小泉純一郎元総理から、イラク戦争、機構を作ってから、人間の心が腐り狂った。

これでいいのか？　本庁から機構に沢山大金を渡して、本庁職員が酒を飲み、女遊びして、いい気になって遊んでその代金は機構の支払いなのだ。無料の遊び狂い連中。そのオーナーは日本人でなくて外国人、日本人の経営者は下請けなのだ。その日本人の息子が店を任された経営者の相談です。昔はよかったが駄目、母親と息子は苦労あったが親子関係はあった。この相談がありアドバイスしたけど実行しなかった。クラブの所有者は外国人、経営者が息子。**結局、借金募り数年前に母親のマンション売り借金返済したが元本残り六畳一間暮らし。**この生活環境を作ったのが、小泉純一郎総理であり、竹中平蔵なのである。

「民でできるものは民」「自民党をぶっ壊す」。結局、企業と国民生活をぶっ壊した。**普通は悪い人が話題になるが出会い系バーで事務次官の善なる前川氏が話題に、**拙著「これしかない幸運への道」45頁参照。**米ポチになったから命取られた。日米政権が悪に舵を切り癒着結託して日本企業の財、**三洋電機、シャープ、東芝、日立、トヨタ等の大企業等を嚇《おど》し、貪《むさぼ》り、集《たか》り、奪い取ったからこれから生きて行くことが大変になる。子会社まで安く叩かれて売ってしまいました。半導体は日本国の得意分野でしたが奪い取られた。

日本人の姿がありますが、今のところ肉体あるが、日本人の骨を支配したのが外国人であり、活動しているのが、今のところ日本人のあなたですが、いなくなってしま

います。

小沢一郎に期待したことあるが駄目だった。上から目線だけであり国民のことを真剣に考えないから「小選挙区法」を取り入れて実行した。これも日本国の衰退原因です。

人間には色々の考えある、色々の考えを生かせばいいのです。政治家はアホバカリ。一人一人の考えが生かされる社会が必要です。これが公選法です。纏まりが遅いから駄目だと言ってきたが、遅くていいのです。議論すればよい、交渉すればよいのです。議論しないで閣議決定してきたから、政治家は頭脳を使わなくなり、独裁になり頭が狂った。

議論も交渉もしないで閣議決定をやり続けた。議論しないから国会が政治家の犯罪の裁き所になった。国会で議論と交渉を真剣に行い、戦争しない議論を実行してください。

韓国との「徴用工事件」誠意の解決を求む。北の拉致は悪くない、「北朝鮮の徴用に謝罪と賠償せよ」。自公宗教政権。素直な正直な心になれ。議論せよ、閣議決定して戦争するな。

政治家は政治のことしか分からない、それも場当たり的、目先だけ、姑息的、岸田政権を見るとわかるでしょう。「少子化問題」は口先だけ、自公宗教政権党に国を任せるな。「戦争法案を作っただけ」電子書籍「悪事の反省ないから戦争する」戦争の犬種作り屋がアメリカ。拙著を熟読して目を覚ましてください。米には平和がない、戦争しない議論してください。

閣議決定するな、大臣になるにはそれなりの学問と実力がなければならない。統一教会と結託した自民党の政治家、事件発覚すると知らぬが仏、公明党も同質。この二つの政党が日本国を牛耳っているのです。

総理の七光りで、秘書や許認可の必要な会社に入社して金儲けて待遇良い生活する。御曹司はバカばかり、チヤホヤされて偉くなり、持てはやされて悪事を働く。それが菅元総理の息子。岸田総理の息子。周りの官僚が気を使い菅様扱いになっていました。親が世間知らずなのだよ、可愛いからと息子に職を授けた親の心が浅ましい総理ですから、国谷氏や古賀氏や玉川氏をやっつけた。学術会議の推薦学者を任命拒否できた。

・本書表紙の記載に注目。

権力も財産も天の物だから私物化するな。米国大統領は他国に「経済制裁するな」。日本国の平和条件、拉致問題を解決せよ、それには北朝鮮に謝罪、償い、賠償せよ。

拉致を解決しないと日本国が清く正しく生きて行けなくなる。天の声。天罰下り地**獄へ。**

「近隣諸国と仲良し議論せよ」。「戦争しない議論せよ」「戦争しない議論ができるようになれば」、国会での安全保障問題が消えてなくなる。このことが現実であり常識。

・**カトリック教と、プロテスタント教があるのは、人間性の罪悪殺人事件の証明がある。白人が原住民の土地や生活様式まで力で奪い取り分断し格差社会構築が世紀末である。**

・**キリストもマリア様も、この世に一人しかいない。**「カトリック教会」と「プロテスタント教会」等がある、だがキリストもマリア様も存在しない宗教。それだけでなくて、**キリストを磔にして殺した悪の教会である。この偽キリスト教同士で、ウクライナ戦争をやっているのです。この現実を分からないのがアメリカ、イギリス、日本政府等です。**

・（**天の声をアメリカ政府に教える**シッカリと覚えてください）。

基督教のアメリカは戦争するための同盟国との結託は間違い、相手国の戦争結託に反対して圧力を掛けること間違い。これから「**戦争する同盟国との戦争結託止めろ**」。**世界一の戦争屋の米国に教えたのが天の声。米国が同盟国と結託し気に食わないから**と**戦争をやり続けてきた戦争屋。**弱国の**領土や資源などを力で奪い取り続けた戦争常習国の悪なる米国。**

この悪事の繰り返しで地球をぶっ壊し続けたのが、**米国政府**。アメリカは村山文学の「**精神心理の心の全てを学べ**」。知らないから、経済と戦争が最優先国家の**米政府が怯えているから戦わないでいられない。この現実を国民が知る必要がある。米は正当化するな。**

怯える、戦争の殺人鬼だから天の祟りで、びくびくして怖がる、人間が獣に洗脳されたから脳が狂った、過去から現在までの米大統領と要人たちが、**過去の戦争犯罪の死霊たちの霊障によって戦意を掻き立てられて戦争を繰り返しているのです。これが**天命である。

ここまで説明したが米高官にはわからないと思う。機会あれば詳しく説明する。

・「**気と感の重要性**」功徳ない、開運ない、幸福が訪れない。よくケガする。病気する。病気は（気）からと言う。（気）は、天地間を満たす、宇宙を構成する基本の考え方の動き。風雨、寒暑、生命の原動力、活力の源。心の働き、心の重点をどこ置くの？　重要　気は精神と心。天の作用。拙著「聖なる神通力者」10頁参照、（気）と（感）が凄く重要です。

・気持ちの「気」。触れる精神、持ち続ける精神、実行する精神・根気。感情気分。天の作用は肉眼に見えない。気が合う、気がある、気が多い、気が大きい、気が重い、気が軽い、気が利く、気が気でない。気が知れない、気が進まない、気が済む、気が急ぐ、気が削がれる。気が立つ、気が小さい、気が散る。気が尽きる。気が付く、気が詰まる、気が遠くなる、気が通る。気がない、気が長い、気が抜ける、気が乗る、気が早い、気が短い、気が晴れる。気が滅入る、気が揉める、気が休まる、気が若い、気に食わない、気に障る、気にする、気に留める、気になる、気に病む。気を失う。気を配る。気を遣う、気を尽くす、気を付ける。気付く生命力、気を良くする。

・「感の重要性」物事に触れて心動く、物事に対して思い持ち刺激や知覚を思い感じる心。

・「村山文学の根幹学の説明」（真実）**よりも自分自身の「感情」に寄り添う情報を「都合良く受け入れる」生活が一般人。**この文面の「**感情**」の（感）じる。次にて文面の「**都合よく受け入れる**」この心理が（気）なのです。其れ《それ》よりも**大事**なことが**（真実）ですから覚えていただきたい。**心と魂に（真実）**がないから、戦争や事件が発生して地球人間が苦しむのです。**

西洋医学と、天津会の神通治療の違いを説明する。

・西洋医学、CT・MRI・などに映し出された映像を見て治療にあたっている。映像に映し出された患部が病気であれば**本物の病気です。病気だから手術などをする。**手術したからと成功は保障されません。失敗もあります。まさかもあります。「そんなはず…」を想定しない事故もある。

神通治療とは・・・大宇宙の別天天国に行く、第四章、神通治療で難病改善可能。

神通治療には「予防施術療法」と「病気製造部療法」がある。

・「**予防施術療法**」は、西洋医学で調べてもわからない病気、心身の調子良くない、心や神経の病気にも「病気製造部がある」から、製造部を探して、神通治療を施す。
・「**病気製造部療法**」難病、治りにくい病気、膠原病、がん、内臓の病気、西洋医学で改善できにくい病気など。現実に乳がんや胃がん、などでも、その患部を直接的に手術しない、施術する箇所は、**他にがんが転移しないように、「がん製造部」を施術するのが神通治療なのである。**

西洋医学は「**病気製造部**」を探すことが不可能。西洋医学は「**病気製造部**」探すこともできないが**癒すこと**も不可能なのです。ですから「がん」が**次々と転移するのです。**

政治家の本気度は、選挙の時だけ、安倍元総理も岸田総理も選挙時の「爆弾事件発生は当然なのだ」。国民の見えない国会で、政権党は悪事を働くな。
安倍元総理は国会で250回以上の（ウソ答弁）
岸田総理は選挙勝利用の口先だけの（**少子化問題**）を取り上げた演説。この（**演説**）は、（**自民党と岸田総理の勝利目的**）なのだが、**公の警察を使い事件発生すると、**これまで**警察の責任にしてきた。「政治家の責任が一切ないのがおかしいのです」。**

それだけでなく、野党党首たち全員が（**暴力を絶対に許してならない**）とのテレビ報道なのであります。この精神心理の報道からおかしい。マスメディアが、**政治家の自分主義に忖度した報道をしているのです**。

特に自民党の大臣の発言（罪が明らかなのに汚い心を国民は許さない）。国民の心が（**自民党の政治家を許せない**）心になっているのですから気づいてほしいのです。

一**例、政治家の悪事例**。

先ほどの「安部晋三のウソ答弁」「犯罪大臣の答弁、記憶もない、記録もない」「枕営業に成功したのか？　伊藤詩織さんに枕営業の失敗ですね」「愚か者めがぁ・・・」政治家の心の乱れが酷い、高市も酷い、政権者は平民の声を聴かずに閣議決定し**悪魔の晋三の国葬に国民が批判したけど権力で揉み潰したから、木村容疑者が犯行に及んだのです。**

山上氏も木村氏も**政権に不満**。独裁の安倍元総理いないから、**政権不満**を報道できた。

政権政治家も逮捕者も「**自分主義人間**」には代わりないが「**環境が違う**」内心は

「爆薬など使いたくないが自分の心を表現する場所も受け皿がないから、憂鬱になり行動した」。

自民党は統一教会と縁切りをしない。襟を正さない悪党を見抜いたから事件を発生させたのです。木村氏が批判したのは当然。自公政権党が嘘いわずに、政策に真実があれば、木村氏は暴力を実行しなかった。統一教会を自民党が排除しないから自公政権党が社会をブッ壊した。今回の犯罪者の心、心理を政治家が知ってほしい。政治家にはわからないことが沢山あります。私が説明したいことも、沢山あります。本書に詳しく記載しましたから熟読をお願い申し上げます。

総理の心が乱暴、説明しても反省不可能。悪策を実行しないで国民の声を聴いてください。

(与野党共に暴力を許せないとの発言)、政治家なのに暴力なくせばそれで良いのか?

「自分主義」の改善必須。一人一人の心の改善必須。一人一人の心を大事にする社会の構築、正直、公正、石破茂氏が心から発言していました。誕生していたなら世の中が良くなっていた。拙著「免疫リンパ細胞若返り手技療法」。電子書籍「悪事の反省ないから戦争する」熟読のこと。第一第三日曜日十時のセミナーに参加してください。

村山文学の総論理想の実現学には未来があるがＡＩにはない。

国会内が乱れてしまった。政府や政治関係者が言う、**女性議員を増やせ**とは、**不倫相手を増やせ**と言っているのです。ですから**少子化**なのだ。年寄りの衆議院議長の**猥褻行為**。

若い女性議員を意識的に増やすな、**子育て終えてから国会議員**になれば、「**少子化問題は相当解決できる。**「**国会議員に天が提言した**」。国会議員が国民を見下した行為が酷すぎ。

先程説明したことを思い出してください、「**枕営業の失敗**」「**愚か者めが**」私はこの発言を聞いた、テレビで見た。この犯罪を日本国が見逃していること**事体が無機能国家になり下がった。**非常におかしい国が日本。

この**犯罪温床国が日本である。**（多発している広域詐欺事件も銃撃事件も自公政権党の常識外れの犯罪が原因で日本国の金融から生活環境まで怪しくなった原因、自公政権党の国会議員のせいである）。

（国会議員は子育てをしてから国会議員を考えなさい）。その代わりに子育て中のお母さんたちの生の声を国会に取り入れてより良い国民生活を構築してください。

政治家は人間としての姿が乱れた。乱れすぎてしまったから襟を正せ。国民に人間としての本物の姿を国民の前に披露せよ。ところが権力者が権力に溺れ何をやっても罪にならない好き勝手な振る舞いを国民は絶対に許していない。

ここまでに堕落した国会議員を、天も国民も許していません。このことを本書で覚えてください。そうして、戦争しない議論をできる国会議員を選びましょう。戦争する議論しかできない国会議員はいらない。これから国連で戦争しない議論をすれば戦争なくなります。

天津会の博物館に地獄の根幹像がある。

安倍元首相の「暗殺成功して良かった」、との発言を島田氏が発言したが翌日に岸田総理への襲撃事件発生した因果関係が明確にある。後で説明する。作家で法大教授の島田雅彦氏発言の翌日に岸田首相襲撃発生。夕刊フジに寄せた全文掲載を拝読した。「暗殺成功して良かった」このことについて「大炎上」。安倍晋三がこれまでにやってきた悪事件。殺人事件もモリカケ桜事件が沢山の悪事件であり、反省も償いもしない。

大炎上したこと事態、場当たり的な姑息的な評価での大炎上なのだ。この悪事件を歴史に残す必要があるから岸信介と孫の安倍晋三総理の重罪なのだ。今回の殺害同調に留まらない大事件なのである。

私は歴史から深く考えて神武以来の大事件だと最初から捉えて二十冊の拙著を発刊し続けてきました。「暗殺成功して良かった」この言葉は、歴史に残る大事件。しかも岸田首相襲撃事件との繋がりがある。島田氏の発言に関係なく、私は三十年前から書き続けたテーマなのである。単独犯罪であること、社会崩壊を国会議員自ら深く考えなさい。

「暗殺成功して良かった」島田雅彦氏に対しての批判が大炎上。

与野党問わずに、あってはならないこと。「暴力を許さない」この言葉だけが世間にまかり通った。政治家と国民も同じ声なのであることがおかしい。

その場、その時、目先のことばかり考えて場当たり的に生きてきたから姑息的なのだ。

犯罪者の声を聴いてくださ い、閣議決定するな、統一教会のこと、生活環境の格差による困窮生活を訴えた心境。憂鬱なことなども沢山あった。後でこの精神心理を説明する。

一方、政権大臣の言動、記憶も記録もない、枕営業の失敗でしょう、この愚か者めが…高市大臣の言いがかりは人間ではない。世の中で通用しない。高市氏の言葉と姿に違和を感じない人が異常者。私が沢山の拙著に記載したから熟読して学んでください。

悪魔の安倍晋三は、いらない勅語小学校を夫婦で作り尻拭いをしないのが大問題。これだけではない。モリカケ桜事件も解明されていない。権力の犯罪を国民は許していない。

それだけでない。国会を私物化して250回のウソ答弁。胸にブルーリボンを取り付けて戦争してガラガラポンにする心理と憲法改憲を認めない。戦争しない議論しなさい。

北朝鮮に戦後の戦犯の「謝罪」と「賠償」すれば、「日本人を拉致」しなかった。このことを何度も教えたけど分からない。本書に詳しく記載したから再度熟読をお願いします。

島田雅彦氏の言葉、『暗殺成功して良かった』間違いではない。真剣に考えてください。

政治家全員の言葉が「暴力を許さない」なのです。政治家なら暴力が発生しない土壌を作ることが仕事である。政治家のやるべき仕事を知らない人は政治家になるな。常識を学んでから政治家になりなさい。

再度説明する「暴力を許さない」のではなくて、**『暴力が発生しない国づくりが必須』**だと教えたのです。ですから先ほど「**規制をかけて暴力発生を食い止めても事件はなくならないと説明したのです**」。

（重要一）「**重度の小児まひの赤ちゃんが誕生したなら、それなりの機関がありそれなりの指導あり育児の相談所もあります。養護施設や学校等もあります。**そこに勤務なされている職員さんに頭が下がる。この「**機関の仕事内容を理解してほしい**」感謝すべきです。

（重要二）**安倍総理と岸田総理への襲撃大事件を発生させたから大問題化して、与野党の議員は異口同音に単純に「暴力を許さない」**と言っています。この姑息な考えがおかしい。

（重要三）この事件と同じ事件が多発中なのだ。**例えば**、殺傷事件を発生させ殺すのは誰でも良かったと言った。教授を狙い撃ちにした殺傷事件。アニメ会社への放火事件などの事件、数えきれない**社会問題です。「暴力を許さない」**だけで「**ホッタラカスナ」と私が忠告したのです。**政治家なんて、権力を持ち遊び、偉い振りをして、相手を威嚇して威張り腐って、「**暴力を許さない」**と**口先で喋っている国会議員の「心の暴力を許せない」**。

先程、山上氏と木村氏たちの要求がありました。その相談した内容の中身を深く考える必要がある。要求を**受け入れてアドバイスできる機関が政府に必要**だと忠告した。

山上氏や木村氏の事件が問題化したが、それだけでないと先ほどから何度も**重要**なことは（重要二）だけでなくて（重要三）が大事であり深く考えてほしいのです。この大事なことを学んでほしいのが（重要一）なのです。

（重要一）の当事者家族も、職場も関係者も事情を説明できないのです。このことの現実を国民も政治家も知らなかったのです。

この現実と私が関わっているから職場の職員に頭が下がると書いたのです。**私はこの現実をテレビで報道して国民の理解を得たい。ここで行っている、目立たない立派なノウハウを利用して、（重要二）と（重要三）**の方々たちの**本人と家族を救出しな**

いと、これらの犯罪はなくなりません。このことに理解を示さないから社会が乱れて殺人事件が多発して物騒な社会になっているのです。

（特注一）　日本国には真実も正義もなく一貫性のないブレまくりの自公政権外交。

「安倍晋三首相はロシア・プーチンと密接に二十七回会談し莫大な税金を使い三千億円差し上げた、そうして北方領土まで差し上げた外交を国民も支持した。

（特注二）　現在は「**ウクライナ戦争勃発**」したから米国のポチになり、米の言いなり。

「**今、ロシアと真剣に戦い、ウクライナに国民の莫大な税金を差し上げた**」。それだけでなくて、**米国がロシアに経済制裁をしたから物価上昇し日本国民の生活困窮中なのだ**」。

日本国はブレまくり外交、日本国の政治家に「軸」がない。活動する中心の心棒が駄目なのだ。物事の中心、「**駒**」にて説明する、「**軸**」の真髄の活動なければ倒れる、「**ブレまくり**」これではいずれ「**倒れる**」と**自公政権党に天が教えた。**これ本当ですから覚えてください。

最後の言葉、「**ウクライナ戦争を教えた目的**」、十年前の拙著「**精神の根源は宇宙天にあり**」詳しく記したからご覧ください、256頁、**ウクライナ戦争をアメリカが始めた証拠**。

獣人に分からない天の声、「ウクライナ悲惨戦争の始まりの予告書」が「戦争しない道の自由の女神像」です。この本の根幹の目的は戦争をしないことであり、ここにて天の声を再度示す。「**国連で戦争しない議論をせよ**」との**大切な言葉が天の声である**。

私が今生きていられるのは、神通治療の施しをしているからです。これが本業です。

天の声の続きの新刊、「天が善に開運と幸福を授ける」

・安倍晋三・回顧録を読んで

91頁、「安倍晋三氏は、政治家として目指したものは、「憲法改正であり」「拉致問題の解決」だと、シッカリと明確に記載してある。

私が驚いたこと、「謝り」「謝罪」を実行していた。謝罪のできる人だったのです。回顧録を読むまで、謝罪のできない人だと思いこんでいました。謝罪していた事例。

（注目）53頁「自社さ政権（自由民主党・日本社会党・新党さきがけによる連立政権）が1995年、人道的観点からだとして北朝鮮に有償35万トン、無償15万トンのコメ支援を行いましたが、横田さんはこの時、自民党本部前で反対運動を繰り広げていました。私は横田さんに「申し訳なかった」と謝りに行きました。汗をかきながら一生懸命運動している横田さんの姿が印象的でした。私が北朝鮮への経済支援の条件に拉致問題の解決を掲げるのは、被害者家族の必死の活動見てきたからです」・・・在任中に結果を出せなかったことは大変申し訳ないと思っています。などと謝った、安倍晋三は拉致解決のために何やった？

回顧録に拉致問題解決に努力した兆しがないのです。拉致問題解決をさせないために、

回顧録には記載ないが。総理時代に何度も次の言葉を公言していたから示す。

北朝鮮とは交渉のための交渉をしない。少しのチャンスがあれば見逃すことなく交渉する。これから無条件で北朝鮮と交渉して拉致を解決するとの公言をしていた。

実際はこの**公言とは真逆に北朝鮮の拉致を悪扱いにして危険を煽り、日本国民を騙し続けて、選挙に大勝利**した詐欺師。それだけでなくて、**北朝鮮を危険な国家だと**日本国民を騙して洗脳させて「**憲法改正**」をやり続けてきたのが**安倍晋三首相**。私の体験でも、**これほどの悪魔（安倍晋三）は（地球）に存在していない**。（このことを麻生氏は知っています）。

（注）93頁、野党に転落した時、得票数が上回っていたのは落選させたら可哀そうだと思ってくれたのですね。政治活動の一環として、支持者のお宅にも謝罪して**回りました**。

安倍晋三氏は（謝罪）を知らない、それは謝罪じゃない素直な真実ゼロ、根っからの詐欺師。

回顧録によれば、日本が北朝鮮に人道的支援としてコメを支援し拉致問題を解決しようとしたから、横田さんと安倍晋三が反対しただけのことです。拉致を解決させせな

かったのは、祖父の戦犯が明らかになるから北朝鮮との交渉不可能。（直ちに北朝鮮の徴用に謝罪せよ）

私が、安倍晋三氏が（謝罪）を知っていたと褒めたのは馬鹿だから褒めたのです。晋三は自分の為に支援してくれたから、（謝罪）したのです。

昔の拙著、岸信介や安倍晋三の政策の間違いを指摘した。北朝鮮に経済制裁するな。圧力を掛けると、**北朝鮮が核兵器を持つ**。そうなると日本が一国で守れなくなるから、直ちに経済制裁と圧力をやめろ、と何度も教え続けてきた。そのために二十冊ほどの拙著を発刊し続けてきたのです。

安倍晋三首相は、「憲法改正」と「拉致問題の解決」だと言い続けてきた人間なのに、解決しなければならない問題が沢山ある、やるべき根幹。「戦争しない議論を国連でせよ」。

北朝鮮の徴用工に謝罪も賠償もしないから日本人を拉致したが自国の国民よりも待遇が凄く良いのです。

拉致された日本人は北朝鮮での模範。日本の文化を学ぶのに重要なのです。惨めな生活していない。「重要なポストについて幸せな生活しているから日本国に帰国したくない」。

横田氏も地元の支持者も安倍晋三に騙されて洗脳されて北朝鮮を非難し協力したアホ。

拉致家族を安倍晋三が優遇したのは祖父の戦犯の隠ぺい。「拙著に詳細に説明した」。**回顧録**、に拉致家族を救出した兆しも助ける行為も**交渉もゼロ**。**安倍晋三の謝罪、（注）**にて示した。「**横田と地元指示者宅への謝罪だけでした**」。

北朝鮮から帰国されたお子さんに聴いてください。北朝鮮での生活を**恨んでいません。**

謝罪に拘った理由。「**岸信介はA級戦犯**」知らない人は、覚えてください。岸信介も安倍晋三にも、第二次世界大戦の反省も**謝罪もない**、だけど横田と地元の支持者に**謝罪した**。と明確に**回顧録**に詳しく安倍晋三が記載した。

北朝鮮が日本人を**拉致**したのは、徴用に「**謝罪も賠償**」もしないから日本人を「**拉**

致したのです」。この現実を何度も拙著に書き続けてきました。
安倍晋三が偉い振りして「**回顧録**」を発刊した事。**大問題化**なる。これが「天の予言」。
イ、北朝鮮による、日本人の**拉致被害者数は、数十人**。
ロ、第二次世界大戦争の一例、**米軍による東京大空襲**だけで、東京の都民だけで**十万人以上が死亡した**。
安倍晋三、**ロ**、の**東京大空襲ゼロ**回答、**戦争することしか**頭脳にないから、**回顧録**に一切なかった、大バカ者である、頭脳タリン。**イ**、だけを強調した大バカ者である。

「再度謝罪に戻る」米軍の戦争が恐ろしい、東京**大空襲**を一例として示しただけ、詳しく説明したなら、本書に書き込めないから省略する。

人間としての根幹を話す。（北朝鮮に日本人が拉致されたのは、日本が「謝罪」も「賠償」もしないから、北朝鮮が**日本人を拉致した**、この意味良く分かりましたよね）。

これは政治家の責任。政治家でありながら北朝鮮の拉致を悪に胸にブルーリボンを付けたバカがいる。

青リボンの政治家は政治家の資格がない。今後天が質問する。記憶も記録もないから罪にならないなどとの答弁者をこれから政治家にさせるな。言葉が政治家の仕事。このことを政治家は忘れないでください。これから天に逆らった政治家を**地獄に落とす。天の声。**

回顧録、第一章、コロナ禍蔓延

・新型コロナウイルス、・東京五輪延期、・河合夫婦逮捕、・持病の再発、弱気になった瞬間の辞任決断。・「**新型コロナウイルス禍**」この現実、2004年発刊、「**日本丸はどこに行くのか**」68頁、ご覧くだされればわからないことがわかる、安倍晋三の脳がタリン。

・「**東京五輪延期**」たわごと、満足開催不可能、設計変更、エンブレム変更、電通犯罪続出中、それにしても**回顧録**に、責任感ゼロ回答。私は2014年発刊「**精神の根源は宇宙天にあり**」**121頁**、**二〇二〇年の東京オリンピックは中止になる。天は自信を持ち十年前に予言した。**これが嘘であればバッシング酷かったと思う。（**天は嘘言わない天罰下す**）。

安倍晋三の国会答弁、**250回以上の嘘答弁でも平気。天は嘘を言わない、騙さな**

い。
・「安倍夫婦の森友事件」昭恵さん、小学校を申請してなぜいらない学校を作ったのか？
あれほど谷氏と籠池氏に苦労掛けて作り完成した小学校をなぜ使用しないのか、昭恵？
・「河合夫婦逮捕」電子書籍「悪事の反省ないから戦争する」安倍と岸田の犯行を記した。

・最後に私からのお願い

ウクライナ戦争は悪いこと、戦争する土壌があるから戦争が始まったのです。

第二次世界大戦を振り返って深く考えてください。戦争が始まった土壌すなわち根幹は嘘と騙しと詐欺犯罪の隠蔽から犯罪や戦争が始まった。〔北の徴用に謝罪と賠償しなさい〕。

安倍晋三総理が国会でのウソ答弁は４００回以上の嘘答弁をして赤木氏を自殺させた。

Ａ級戦犯の岸信介の政治犯罪を隠蔽するために嘘を吐き騙したから天に祟られて戦争する土壌になった、罪の根幹は、隠ぺいと嘘答弁と騙しである。Ａ級戦犯の岸信介は自分の犯罪を隠蔽するために、北朝鮮出身の、反日派の文鮮明の力を借りた。その結果、Ａ級戦犯の岸信介が自分の犯罪を隠蔽するのに多額の献金を文鮮明にしただけでなくて日本国の信者から巻き上げて良いお墨付きを与えたから統一教会は５５０億円という豪華な宮殿が完成した。（胸にブルーリボン付けた議員は未来を考えられない大馬鹿）。拉致家族は北朝鮮の徴用に謝罪と賠償しないことをよいことに公費で米国再三旅行した。２０２３年５月４日。旅行者、横田氏と飯塚氏。政府のポチになり国民を騙すな。戦争犠牲者は泣き寝入りだよ。

なお北朝鮮は日本国が持てない核兵器を持てた。日本の政治家は馬鹿バカリだから、目先と、その場しか考えないポチばかり、信介が隣に統一教会を建造した、詐欺政権だった。

政治家と言う獣は獣なのだ、考えは場当たり的であり目先しか考えられない自分土義であり利己主義であり、自分の犯罪の隠蔽であり、力を発揮して人間を支配するのが獣。

ウクライナ戦争を発生させたのはプーチンだけでなく米大統領です。次の日本の戦争は決まっています。北朝鮮が悪くないのに悪扱いした天罰の祟りの戦争。北の徴用に謝罪して賠償しなければならないのに、岸信介も安倍晋三も真逆に罪人になりたくない獣。文鮮明に莫大な大金を献金した。山上氏が安倍晋三を殺害してくれたから大罪明らかになる。

国が解散命令請求すれば教会と元総理の関係を暴露すると脅した。解散せぬなら天罰下す。

私は三十年前に北朝鮮の平民の徴用に謝罪せよ賠償せよと言い続けた。これが天の声。

この天の声を国民が受け入れられないなら自由で開かれた大戦争始まる。天の予言。(アメリカは自分主義国家、利益主義、支配する国家、ロシアと中国とイランと北朝鮮等に経済制裁して喜んでいる獣国家に対して天罰を下す。この実現のために、本書のセミタイトルに、1天の財産を米国が私物化した。2経済制裁。3北朝鮮の徴用に賠償（方程式として教えたこと）。このために一億年ぶりに私が地球に降臨した目的。ドル離れであり、人民元への移行である。これに力を注いでいるのが天であり、天の声であり、天罰なのです〉。

既に天の財閥が中国に移行した。本書を読んで熟読して覚えてください。地球人は米国の自分主義国家に、お愛想が尽きた。そのため「獣と獣人の罪を祓う供養塔像」を私に授けた。

・村山文学は先見学・総論理想の実現学の実践

医学・主に手術について説明する。

著者、村山政太郎本人の腹部大動脈瘤の手術失敗の体験を説明する。

腹に傷つけなくて済む手術、ステントによる手術、小さかったのですが予防のための簡単な思いで手術を受けた。

しかし、手術後に血液が逆流して苦しんだ。冷や汗、喉が凄く乾き苦しんだ。二度とこの治療をしない決心をした。ですがステントがずれ落ちた。上部から血が漏れている話を医師から聞かされた。手術後に血が漏れていないと医師から聞かされた。内にも外にも漏れていないなら漏れていないのです。漏れていたなら人間は死にます。

写真（1）手術前の現状写真。

写真（2）　ステントを入れた写真。

絵図（3）　再度手術するとの説明。

ステントを入れた、写真（2）から説明する、（長すぎること）、（隠したこと）、（上部の手術部が漏れないかが心配）拙著「がん免疫リンパ増殖手技術書」21ページ参照。ステントの長すぎ。絵図（3）の手術を実行したなら、腎臓に血液流れなくなり死んでしまう。

（１）手術前の現状写真

腹部の大動脈瘤、小さい大動脈瘤でした。
大動脈瘤が大きくなり（３）の手術する
予定。

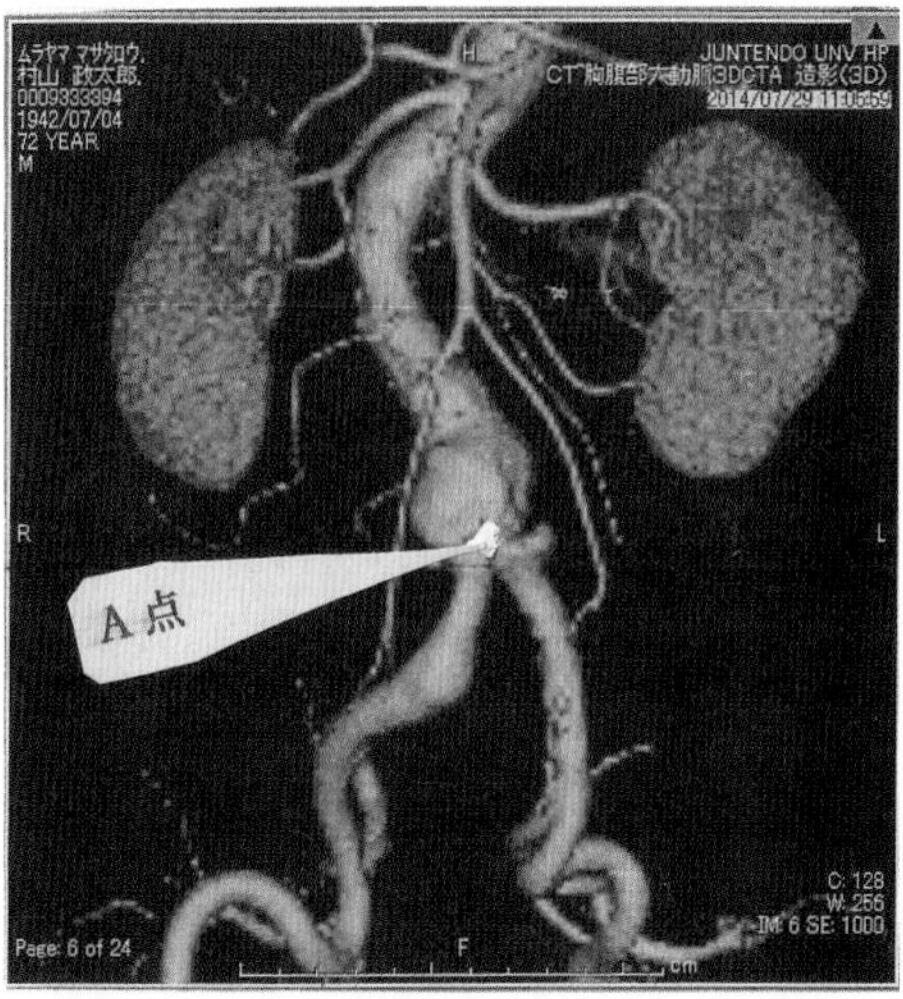

（２）ステントを入れた隠蔽写真

ステントを入れたがずれ落ち血液漏れた。
ステントの長すぎで腎臓に負担罹る手術。

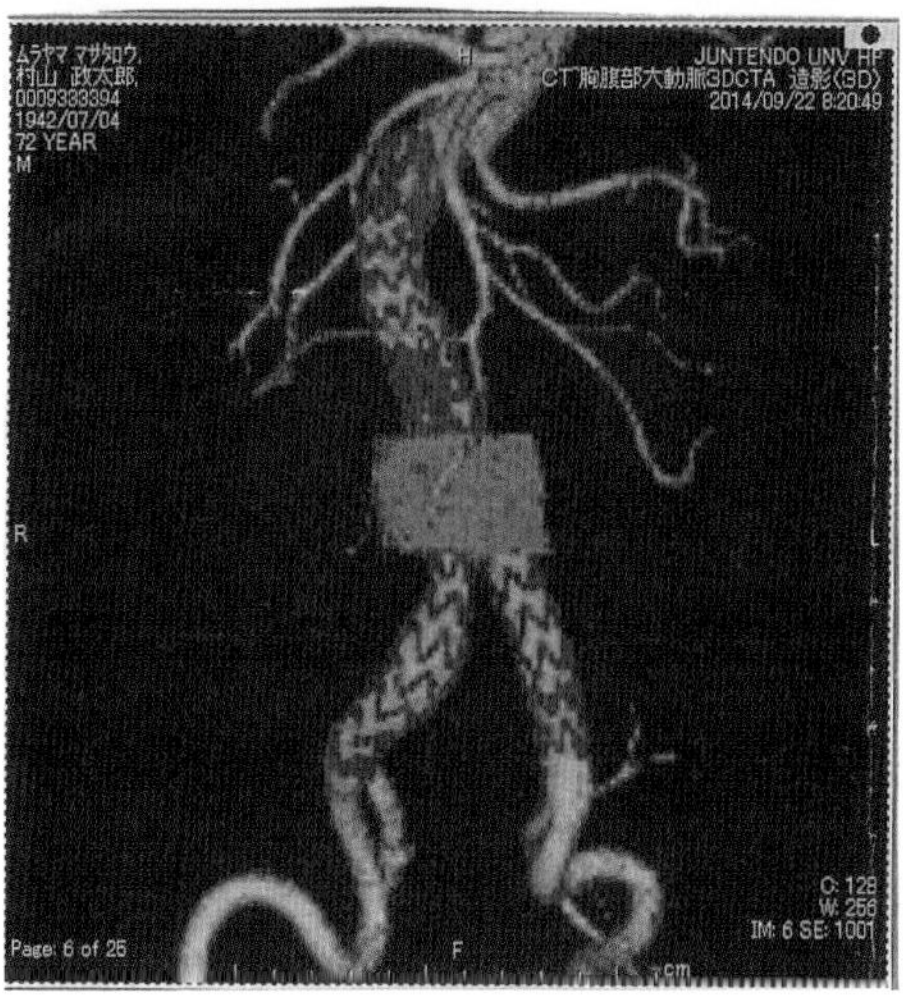

（3）、再度手術する、医師の「絵図」。

長すぎたステントがずれ落ち血液が漏れた医療事故。Aは、A点でなければならない。

A点のステントを改善改良し余裕を持たせA点に収めればずれ落ちないだけでなくて上部の腎臓が死ぬことなく、血液が漏れて動脈瘤が大きくなり爆発して死ぬ事故もなくなる。

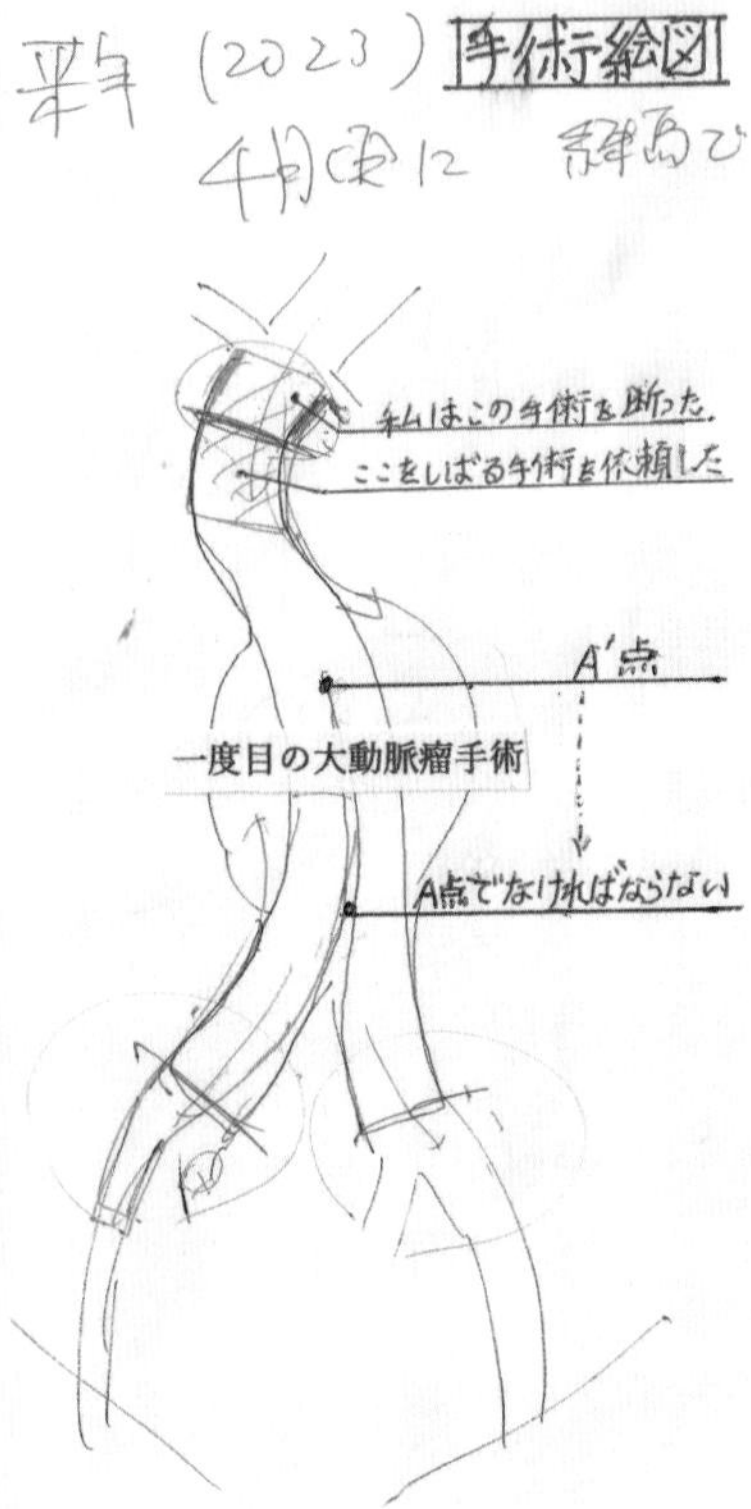

（4）、大動脈瘤になった一つの原因、交通事故

私は、ちっぽけな、（株）日本住宅研究所の代表取締。上棟式当日の交通事故、T字路の交差点信号が青になり私が右折した途端に後ろから衝突された。ブロック塀を壊して車は止まった。衝突させたのは全薬工業の若い運転手、仕事が忙しく居眠り運転。警察からあなたの顔色が悪い。運転手を訴えなさい、入院しなさい、とのアドバイスだったが、上棟式の当日で、私は内心は焦っていた、故意の事故ではないからお互い様の精神が強かった。事故の晩に腹と右足が痛くて眠れなかった。謝罪もなく何もなくて仕事もそのままに続けていた。あの時にハンドルが腹にくい込んだ。その後、違和感あり板橋の日大病院にて人間ドックを受けた。その時の出会いの医師、**（知久正明先生なのでした）**

村山文学は先見学・総論理想の実現学の実践

（1）手術前の現状写真でも分かるように動脈瘤が小さいが大きくなるのを防ぐために気楽な気持ちで手術を受けた。

（2）、ステントを入れた写真。結果論、部分だけの手術だった。長すぎ、腎臓に届いていた。これは手術の失敗。下げるのが鉄則。失敗は当然。それに「隠ぺい写真」「ステントの長すぎ」私はびっくりした。上部の血液の漏れ。この体験から、本業は建築業ですが、私は医療現場に踏み込んだ。

拙著「戦争語録忘れたか」114頁参照、医療のことを少し書いたが、戦争と宗教のことを主に描いた拙著。私は建築業だが拙著、「がん免疫リンパ増殖手技術書」21頁参照。私の神通治療は素晴らしい。西洋医学が難しい、腎臓や肺の（線維化・硬い）膠原病や難病等の病気を改善させています。

医師のアドバイスがあり（3）の「絵図」の説明があり再度、股部から挿入して上部にステントを再度挿入するとの医師の説明があり私は強く拒否した。なぜなら（1）手術前の写真をご覧ください。両サイドに「腎臓」ある。ここにステント再度入れたなら血管の流れ止まり腎臓が死ぬ。それだけでなくステントの爪があり血液漏れを止めること、絶対不可能なのだ。だから手術に私は強く拒否し反対した。（3）の医師の絵図の手術に素直に応じていたなら、私は今頃、死亡していました。

（2）のステント手術を再度ご覧下さい。「こぶ部分を隠蔽した」。それだけでなくて、その時から既に（上部から血液漏れていたからこぶが大きくなった）から、私が切腹を決断したのです。決断するのに循環器専門の知久正明院長の敬愛病院付属クリニックに一年半無料にて患者さんに実際に私が神通治療を行いました。患者さんになんで辞めるのかと言われましたが答えることが出来ませんでした。神通治療は保険利用できないから高額です。

私と同じ患者さんはステント手術をしないこと、十年経過すると爆発して死亡する。

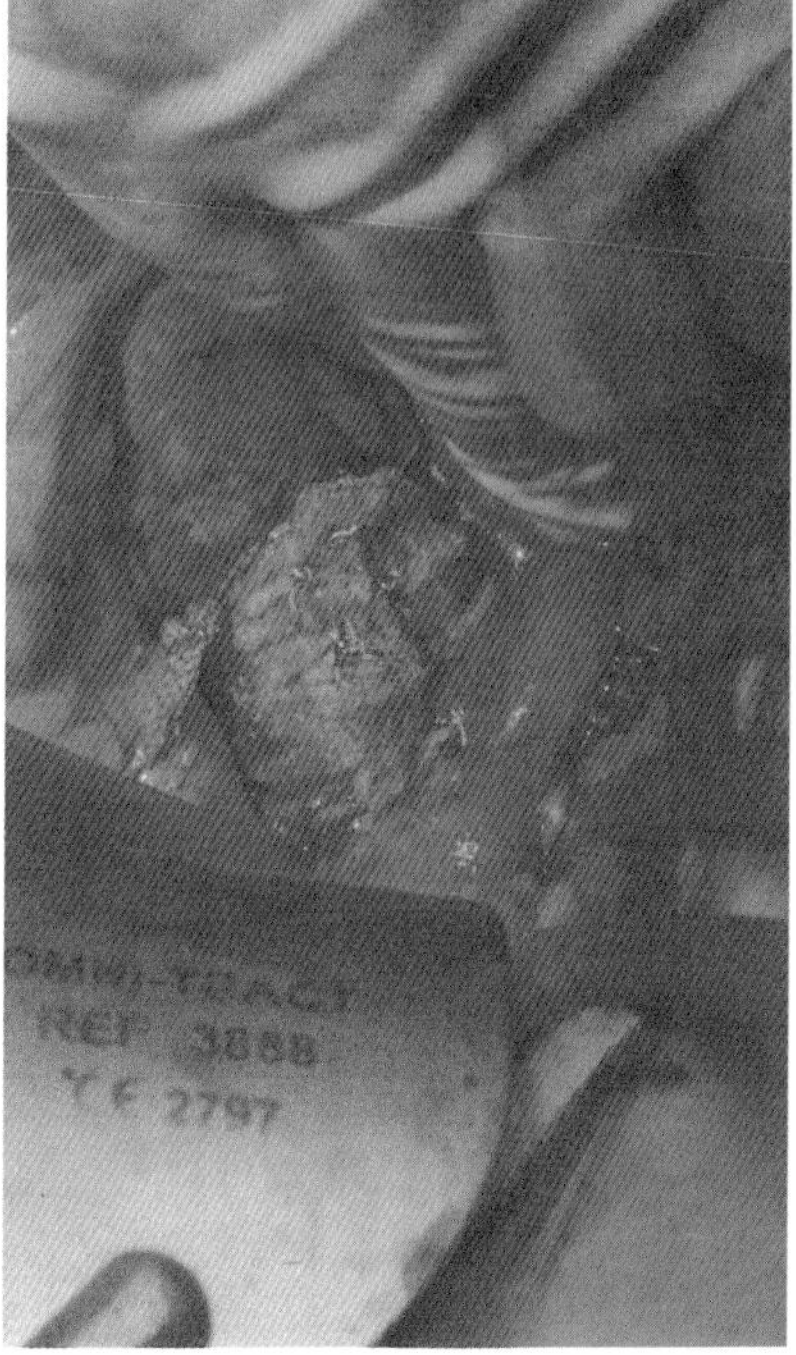

（4）、「動脈瘤は小さいけど予防のため受け入れた」「ずれ落ちた」「ステントが腎臓まで届いていた医療ミス」「二股のステントをA点設置するのが常識」四つの失敗で人間死ぬ。

（5）、切腹して外部から血液漏れを止めるために、（ハ黒印）中に入っているステントと血管を外から紐で締め付けた今回の手術。最初から切腹してこぶを補強すべきでした。（イ赤印）ステント。（ロ青印）血液が漏れていた状況図。2023年5月1日、血液漏れ防止のために縛り上げたのが今回の（ハ黒印の手術）。なお（2）のステントを入れた隠蔽部が心配です。

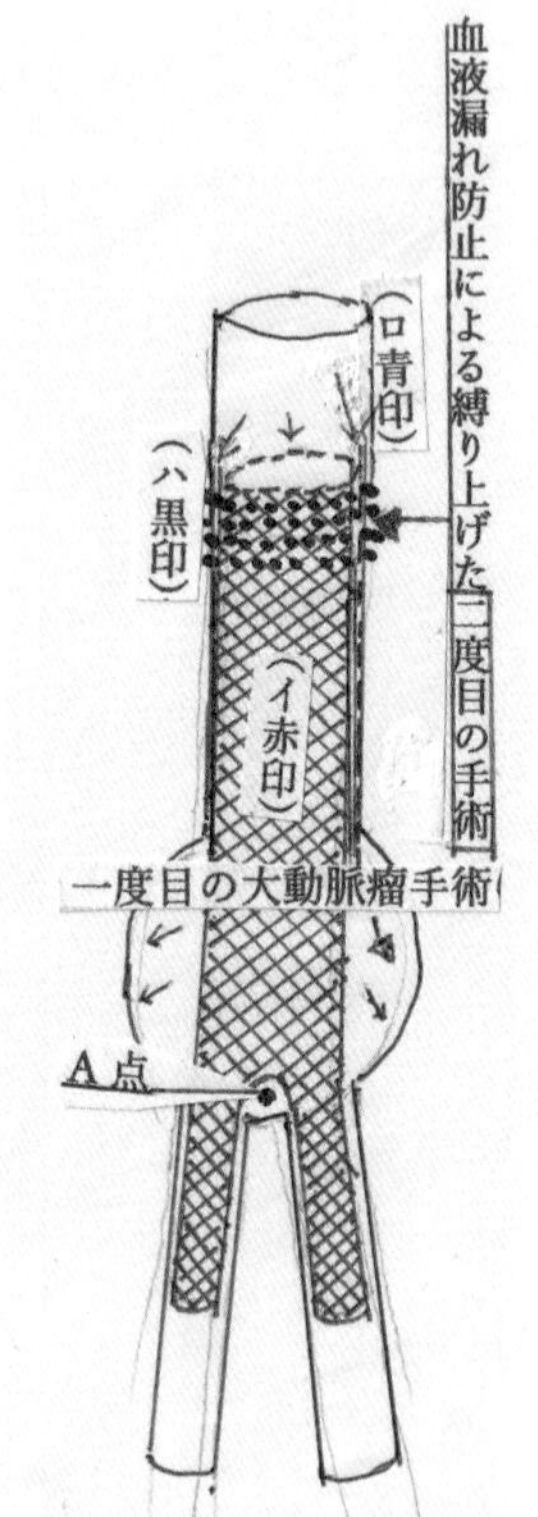

手術は苦しい、二度と手術したくない、痛くて苦しい。痛み止めが欲しい、痛くて生きていけない気持ちになった。同情心が欲しくなった。あの時、三十分後に痛み止が効くとの話が本当であり安堵した。有難うございました。生き続けて世のために貢献したい。

村山文学は先見学・総論理想の実現学の実践のつづき

先見学は村山文学だとセミナーで指導していますが手術が失敗したのです。私の本業は建築業ですから設計図が必ずある。（3）のステント手術を拒否したから死ななかったので助かった。今後の課題、私の大動脈瘤は小さいから四分の一の長さでよかった。大動脈瘤部分だけの手術の依頼。片方のステントは差し込むのでなく伸ばす療法にすべきである。そうすればずれ落ちる心配なくなる。これらのことを考慮した漏れることのない優れた医療にすべきである。

アメリカのやっていることに夢も希望もない。
あるのは争いと戦いだけと経済制裁して苦しめて喜んでいるのがアメリカである。この領域は天の領域であるからアメリカは戦争やるな。ウクライナ戦争は加勢であり、死の世界に明け暮れて生きているだけ、アメリカの政治家は何のために生きているのですか？

ＡＩ頭脳は人間の造りもの。右記にて説明した獣と獣人の生きがいは獣と獣人の生

き方。

日本国内にある。米軍基地、横田基地等の井戸水、国指針の二十七倍。発がん性が有機フッ素化合物（ＰＦＡＳ）高濃度検出されています。アメリカのやっていること、人間ならやりません。何のためにやっているのか説明してください。


アメリカが本物の人間なら、このような悪事をしないし、悪事を修正するのが人間です。

この悪なる如何様《いかよう》の現実、天が悪を供養して善に開運と幸福を授けているのです。人間のような顔をしている獣と獣人が戦争して経済制裁をして苦しめているのです。

拙著「戦争しない道の自由の女神像」八十四頁をご覧ください。全てが幸せになれる像。


獣と獣人の罪を祓う供養塔像。獣と獣人の罪を祓う供養祈祷祝詞…奏上。

（天が善に開運と幸福を授ける）には、セミナーに連続三回以上参加してから予約ください。

統一教会も創価学会もキリスト教も宗教ではない。獣から人間が騙された畜生です。本書を日本国内だけでなくて世界中に発刊することによって、獣と獣人が人間のように振りまわり嘘を吐き騙し続けて戦争している事実、本書で獣の正体を分かってくれたと思う。

この地球人は人間ではありません。もどき（抵牾）人間は（似せ者）です。獣と獣人に騙されたから戦争を繰り返しているのです。

もどき（抵牾）・・・似せて作る事。似せて作った者が、獣と獣人である。

獣と獣人の安倍晋三と戦った。「石破茂氏」しか日本国を救出できる人材は他に居ない。

世界遺産登録申請。次の作品は人間には作れない、天が作った作品。四つの作品天が授けてくれた宝物には天の作用がある。角度や時間によって違う天の作用の映像。

1

2

3

4

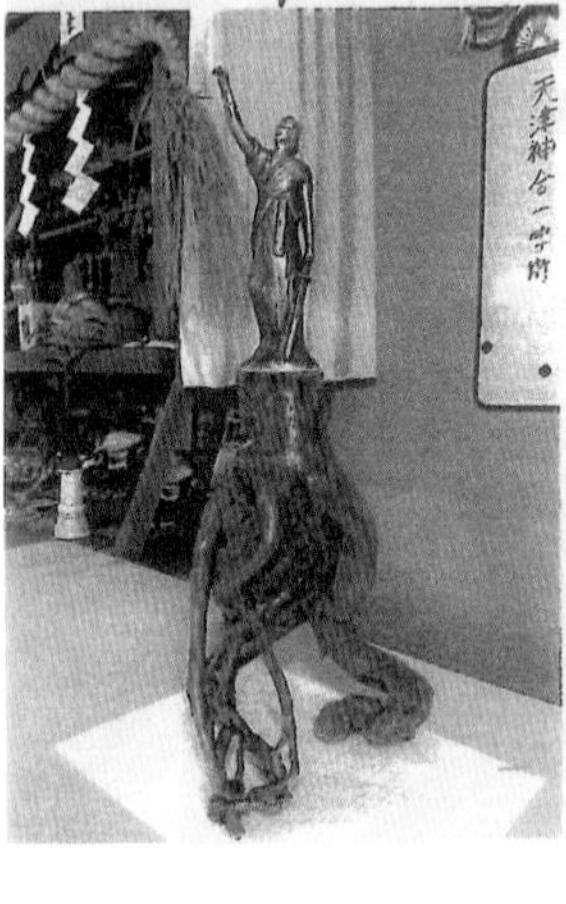

「日教組、日教組と叫んだ」。思い出した。こんな人たちに負けていられない。｛私がテロに罪を償わせる｝。この言葉を天は一生涯忘れない。カルト教団に助けを求めて大献金した信介と晋三。山際、木原、林大臣、萩生田、高市、細田に岸田総理に禊をさせよ。せぬなら天が九名を天罰で地獄に落とす。自公政権は日本にいらない。国葬の友人代表菅元総理、貴方の判断がいつも正しかった。貴方は我が国日本にとっての真のリーダーでした。この挨拶が嘘であり詐欺なのだ。天の代表者として私が地獄に送り届ける。天罰下す前に自ら反省して辞任しないなら、私が地獄の根幹像に送り届けて歴史に残すことにした。

晋三がテロに罪を償わせるとヨルダンで公約した。晋三が北朝鮮の徴用に即に罪を償い賠償してから、テロに罪を償わせなさい。晋三の肉体は消滅したけど、地獄で償いをしなければならない大仕事が沢山あるのだ。このことを安部晋三総理の継承者たちは知っているのでしょうか？

私は天の代行者としてこれまで地球人類を助け続けてきた、日本の総理も米大統領も天の声を聴けないなら大地震、竜巻、異常気象、ウイルス、天変地異発生させる。天の祟りだ。

安倍晋三の回顧録読んでがっかりした。利己中心であり、国民の幸せを考えられない獣人。
・アメリカNATOがロシア・プーチンに戦争勝利して何になれるのか？　何を考えて戦争したのですか？　地球生活乱れ心が乱れ乱世になるだけ、これが獣人への宿命が天罰。

日本人は黄色人種。白人は戦争屋、改善必要。人間としての根幹を学ぶ必要ある。
自民党の総理には人間としての根幹ゼロだから値打ちゼロ。
・法による支配で自由で開かれた世界、アジアインド太平洋、力による現状変更を許さない、安倍晋三と岸田総理が同じことを言った。大昔から天が言い続けた言葉。哲学持て？
大昔からの天の声。
・天による支配で自由で開かれた世界、五大大陸と各諸島等と地球全体を米の力で支配するな。と天が昔から教え続けた言葉なのである。反省すべきことあるでしょう？
米国大統領は経済制裁や天の功徳や常識や秩序や道徳を変更していけない。弁《わきま》えろ。
・天の代行者は自分のために発刊したのでない、人間としての根幹を教えるため発刊した。

アメリカNATOがあるから大宇宙があるのでない。いまだにアメリカは別天天国があることを知らない。天があるから大宇宙があるのです。アメリカは自惚れるな。自惚れて戦争するな。やるべきことは「戦争しない議論をせよ」。アメリカの力で地球を支配することできない。ロシア・プーチンにアメリカNATOが戦争に勝利したなら天変地異が発生に近付く。この現実を教えられても、アメリカは、次元が低いからわからない。AIでない、新しい村山文学必要。拙著「大宇宙の別天天国に行く」を熟読のこと。日米の政治には人間としての根幹も良心もなく戦争する国家。次の像が人間の不運と不幸を救出してくれる像。

玄関右側にある「**獣と獣人の罪を祓う供養塔像**」供養されたから穏やかな顔立ちです。

・村山政太郎の本業・万病を改善させる神通治療

がんなど、膠原病や難病などの発生には病気を作る製造工場がある。その製造工場の塊や液軟部を施術するのが神通治療である。

近代の西洋医学のレントゲン・CT・MRIでも、病気製造部を発見すること不可能。

なお神通治療は、がんや病気である患部を直接に施術しない。施術するのは病気を作っている製造工場を施術するのが神通治療である。
・なお、毎月の第一日曜日、第三日曜日、セミナーを開催しています。最低3回以上参加してから、神通治療を予約して下さい。お茶菓子付き、弁当付きです。費用三千円です。
・NATOが異様な異常者になったこと、国際社会が気付いて下さい。
異常な出来事の一例、(戦争しない議論が不可能)。ウクライナ戦争、G7、ロシアへの経済制裁の未来、ロシアにだけエネルギーが残ればアメリカは生きるために謝罪する。この現実を記載した拙著「精神の根源は宇宙天にあり」256頁参照、ウクライナは再起不能。実はアメリカの未来が再起不能なのだ。このことはあとでわかる。
・米国の頭脳狂った。日本国内にある米軍基地犯罪。井戸水汚染、水道水の汚染。米軍基地が飲料水を汚したこと、天神を汚した。天神は米国に天罰を下して地獄の根幹像に落とす。白人NATOは呼吸できなくなる。拙著「日本丸はどこへ行くのか」。68頁ご覧ください。

この地球人は獣に洗脳させられたから戦争しないでいられないのです。ですから戦争しない議論を国連でできないのです。

アメリカNATOがウクライナ戦争。ロシア・プーチンに勝てば何とかなると思っています？　これが獣人の考え方です。(白人と白人が戦争しています)。白人は姑息的な考え方。

白人は別天天国出身でなくて突然変異で誕生した獣人の人間の顔した獣人ですが、天津神が「獣と獣人の罪を祓う供養塔像を私に天授してくれた」からセミナーに七回連続参加して村山文学を学んでくれたなら、悪魔の白人であっても、大宇宙の別天天国に導く。

・白人社会が天の声を聴けて受け入れられる大人になれ「獣と獣人の罪を祓う供養塔像」で永遠の世界の天に導く。・安倍晋三は悪魔の極道者、米国大統領も悪魔の極道者、ウクライナ戦争を深く考えれば「少子化問題の根幹わかる」アメリカの支配によって、未来が見えないだけでなくて未来が怖いのです。本書に詳しく記載したから説明しない。

子供を産み高額な教育を掛けても競争に勝っても数年後に敗退するから子供も親も未来が怖いから結婚しないいし、子供もいらない世界を作ったのがアメリカ悪魔だよ。

「これが少子化問題解決のヒントだよ」。

地球人は、AIに熱中しているがAIは人間の結集に過ぎない。本物の人間なら人宇宙を知り、天を知り天神を知ってほしいのです。

ソムヌユルネの天神を知らないから、次元の低いAIに熱中しているのです。

ソムヌユルネの天神を知らないから白人同士で戦争して苦しみ続けるのです。

神の世界を少し覚えて下さい。そもそも天照大神の孫のニニギノミコトが大国主大神を殺害して国土を奪いとり天を大国主大神に差し出した。

現在でも天に繋がっていない天照大神とその祖神を信仰しているのが現在の天皇陛下であり、その継承者たちです。その継承者が天照大神のお札を、孫のニニギノミコトが殺害した大国大神が鎮座している神社に、押し付けて天照大神のお札を買わせています。

この現実と岸田総理が胸に青リボンを付けて北朝鮮に経済制裁と圧力を掛け続けていることが全く同じである。ですから大宇宙の別天天国に行けないのです。

〔日本の岸総理は第二次大戦で北朝鮮の徴用や戦死者に謝罪して賠償せよ。大国主大神に対し天照大神の継承者が謝罪して賠償しなければいけないのである〕。**これが天の声です。**

右記のことを実行せよ。しないから**AIは人間の結集だから天神の大宇宙に届かない。**

原発六十年超運転法成立させたのが偉いと言われるバカな既得利権者。原発現場の計器壊れても交換しない。事故発生しても想定外にして責任を取らない愚かな犯罪者。「**必ず原発爆発するから人間が生きて行けなくなる。既得利権者は死なないと、悟れない大バカな獣人たちなのである**」。

アメリカＮＡＴＯ白人組織は地球全体をぶっ壊すために誕生した人種なのである。

白人は地球全体をブッ壊す人種なのデスが、本書にて再度最後に詳しく記載して説明して最後の説明とする。

白人の戦争屋を救い戦争しない、議論をせよと、天神が私に宝物を授けてくれました。

その宝物が「**獣と獣人の罪を祓う供養塔像**」なのです。

西洋医学で難しい。膠原病、難病、精神、神経、**人間関係、不幸になる原因を作っているのは本人の心であり、その心の言葉が不幸の原因になっています。**

「善」のある人間になってほしい。正しいこと。道義道徳にかなったこと。良いこと。

本書のタイトル、

「天が善に開運と幸福を授ける」

2023年05月01日

天の代行者　天津会　村山政太郎

村山 政太郎（むらやま まさたろう）

天津会代表
昭和17年、山形県に生まれる
山形高等専門学校（建築大工）卒業
株式会社日本住宅研究所代表取締役
東京商工会議所会員・練馬山形県人会会員・東海大学白鴎幹事

万物修行と試練体験、天津神威修業中
人間の真の生き方を説き、
多くの人の心身における困難な問題を解決へと導いてきた。
神名：天津旦音閲史父屁御（あまつあさこええつしほへお）
これまでに20冊以上の著書がある。

連絡先
（株）日本住宅研究所 『天津会』
177-0041 東京都練馬区石神井町7－9－3
TEL 03-3995-5924 携帯090-3340-0106
http://www.amatsu.co.jp または「村山政太郎」で検索

天が善に開運と幸福を授ける

2023年7月23日 第一刷発行

著 者 村山 政太郎

発行所 ㈱三楽舎プロダクション
〒170-0005 東京都豊島区南大塚3－53－2
大塚タウンビル3階
電話 03-5957-7783 FAX 03-5957-7784

発売所 星雲社（共同出版社・流通責任出版社）
〒112-0005 東京都文京区水道1－3－30
電話 03-3868-3275 FAX 03-3868-6588

印刷所 創栄図書印刷
装 幀 Malpu Design（清水良洋）
DTP制作 CAPS

万一落丁、乱丁などの不良品がございましたらお取替えいたします。
小社までご連絡ください。
ISBN978-4-434-32527-4 c0012

三楽舎プロダクションの目指すもの

三楽舎という名称は孟子の尽心篇にある「君子に三楽あり」という言葉に由来しています。

孟子の三楽の一つ目は父母がそろって健在で兄弟に事故がないこと、二つ目は自らを省みて天地に恥じることがないこと、そして三つ目は天下の英才を集めて若い人を教育することと謳われています。

この考えが三楽舎プロダクションの根本の設立理念となっています。

生涯学習が叫ばれ、社会は少子化、高齢化さらに既存の知識が陳腐化していき、われわれはますます生きていくために、また自らの生涯を愉しむためにさまざまな知識を必要としています。

この知識こそ、真っ暗な中でひとり歩まなければならない人々の前を照らし、導き、激励をともなった勇気を与えるものであり、殺風景にならないように日々の時間を彩るお相手であると思います。

そして、それらはいずれも人間の経験という原資から繭のごとく紡ぎ出されるものであり、そうした人から人への経験の伝授こそ社会を発展させてきた、そしてこれからも社会を導いていくものなのです。

三楽舎プロダクションはこうしたなかにあり、人から人への知識・経験の媒介に関わり、社会の発展と人々の人生時間の充実に寄与するべく活動してまいりたいと思います。

どうぞよろしくご支援賜りますようお願い申しあげます。

三楽舎プロダクション一同